Allen

COME ESSERE UN FELICE NON FUMATORE

è facile se sai come farlo

EWI EDITRICE

Dello stesso autore:
È facile smettere di fumare se sai come farlo
È facile controllare l'alcol se sai come farlo
È facile controllare il peso se sai come farlo
Ti illustriamo come è facile smettere di fumare se sai come farlo
È facile smettere di fumare se sai come farlo per le donne
È facile controllare il peso se sai come farlo illustrato
È facile smettere di fumare se sai come farlo. Versione audio integrale con 6 CD
Il piccolo libro per smettere di fumare
È facile smettere di preoccuparsi se sai come farlo
Mai più doposbornia, è facile se sai come farlo
Smetti di fumare adesso senza ingrassare, è facile se sai come farlo
Volare senza paura è facile se sai come farlo

Titolo originale: Allen Carr's How to be a Happy Non-Smoker
Traduzione: Francesca Cesati

I Edizione Ottobre 2012
ISBN 9788897611 – 05 – 9
Progetto Grafico di Copertina: Sherwin Soy
Impaginazione: Quality A&M
Stampa: Valprint SPA

Pubblicato da EWI EDITRICE srl
Via Renato Fucini 3
20133 – Milano
www.ewieditrice.com
info@ewieditrice.com

Allen Carr

Nel 1983, l'inglese Allen Carr, fumatore incallito per oltre 30 anni, dopo numerosi falliti tentativi per liberarsi dalla propria dipendenza, passò da 100 sigarette al giorno a zero senza soffrire sintomi d'astinenza, senza l'uso della forza di volontà o medicinali e senza ingrassare. Capì che aveva trovato ciò che il mondo stava attendendo: un modo facile per smettere di fumare – The Easy Way to stop Smoking – e lo chiamò proprio così: Easyway.

Qualche anno più tardi decise di lasciare la sua brillante carriera di commercialista per dedicarsi ad aiutare altri tabagisti e, in breve tempo, il successo fenomenale del suo metodo gli fece acquisire la fama di esperto mondiale nel campo della disassuefazione al fumo.

Ad oggi, centinaia di migliaia di persone hanno smesso di fumare partecipando ai Seminari Easyway che si tengono nei 150 Centri Allen Carr's con sede in oltre 45 nazioni. Questi Centri garantiscono che troverete facile smettere di fumare o il rimborso totale di quanto pagato.

Nel 1985, Allen Carr, con l'intento di poter aiutare un numero maggiore di persone, traspose il suo metodo in un libro "The easyway to stop smoking" che oggi, tradotto in oltre 30 lingue, ha superato i 13.000.000 di copie vendute. Pubblicato in Italia dalla Casa Editrice EWI con il titolo "È facile smettere di fumare se sai come farlo" ha raggiunto 1.250.000 copie ed è da anni in cima alle classifiche nazionali dei libri più venduti.
In seguito, sollecitato dalle richieste di persone con altre dipendenze, Carr si rese conto che il suo metodo poteva essere applicato con successo per risolvere altre problematiche come quelle derivanti da un'errata alimentazione, il consumo di alcol e stati d'ansia.

INDICE

INTRODUZIONE

La maggior parte dei fumatori è convinta che sia difficile smettere di fumare. C'è stato detto che la difficoltà viene dallo sforzo che dobbiamo fare per resistere al desiderio di accenderci una sigaretta.

Non sarebbe quindi meraviglioso se questo conflitto di volontà non fosse necessario e se potessimo smettere facilmente? La buona notizia è che c'è un modo che permette ad ogni fumatore di smettere immediatamente, per sempre e facilmente, senza ricorrere alla forza di volontà, senza soffrire per i sintomi d'astinenza, senza bisogno di sostitutivi o di ingrassare. So che troverete difficile accettarlo, ma è vero. L'ho dimostrato da oltre due decenni non solo con i miei libri ma anche con i Centri Allen Carr's in oltre 45 nazioni.

Non sorprende, quindi, che abbia denominato il mio metodo Easyway*. Mi chiamo Allen Carr e vengo ritenuto l'esperto mondiale nel campo della disassuefazione al fumo. Posso, quindi, aiutarvi dimostrandovi che le vostre convinzioni sul fumo si basano su preconcetti e illusioni e che, una volta che

** Modo facile (n.d.t)*

li avrete demoliti, sarete liberi per sempre.

Potete usare questo testo come volete: alcuni preferiscono considerarlo un calendario mentre altri optano per leggerlo in poco tempo. La decisione riguardante quando smettere è vostra e totalmente personale. Non pensate di dover aspettare sino al 31 dicembre per smettere, se volete farlo prima. La decisione di quando fumare quell'ultima sigaretta è vostra.

Questo libro sarà un compagno pieno di ispirazioni che vi permetterà di liberarvi senza soffrire, con facilità e per sempre. Sono così sicuro del vostro successo che, nel caso non riusciste, potrete recuperare il costo di questo libro in forma di buon sconto per un Seminario Easyway in uno dei Centri Allen Carr's elencati a fine libro.

Ora, lasciate che vi guidi in questo viaggio verso quel che tutti i fumatori vorrebbero essere: un felice non-fumatore.

Allen Carr, 2005

GENNAIO

1 Gennaio

Primo dell'Anno: il giorno in cui tutti i fumatori decidono di smettere. Non farlo! Per ragioni che ti spiegherò più in là, oggi è il giorno peggiore per attuare questa decisione e le tue probabilità di successo sono meno di una su cento, a meno che tu non ti sia preparato in modo corretto. Fai, invece, che questo sia il primo giorno di un'eccitante avventura, quello in cui inizi a prepararti a smettere di fumare facilmente, immediatamente e per sempre. **Per favore, però, non provare né a farlo ora né a diminuire quanto fumi sino a quando te lo dirò io.**

2 Gennaio

Immagina di svegliarti una mattina pensando: "So che è un'impresa difficile, ma oggi proverò a scalare l'Everest". Neanche il più idiota sulla faccia della terra avrebbe la convinzione di riuscire senza un'opportuna e lunga preparazione. Ogni fumatore può trovare facile, addirittura piacevole, smettere per sempre ed immediatamente. Ma senza essersi adeguatamente preparato sarebbe come voler scalare l'Everest.

3 Gennaio

Potresti passare l'intera vita cercando di forzare una cassaforte che riusciresti facilmente ad aprire se conoscessi la combinazione. Quella della nicotina è la trappola più sinistra e raffinata che l'uomo e la Natura siano stati in grado di congegnare. Questo libretto contiene la chiave - la combinazione della cassaforte - che ti permetterà di fuggire alla trappola. **Tutto quel che dovrai fare è seguire alcune semplici istruzioni.**

4 Gennaio

Buona parte dei fumatori si apprestano a smettere di fumare sentendosi come agnelli portati al macello. **La tua prima istruzione è quella di liberarti di tutte le sensazioni negative e di imminente tragedia.** La decisione di smettere di fumare è probabilmente la migliore che potrai mai prendere. Hai così tanto da guadagnare, e la cosa peggiore che ti potrà accadere è che tu non abbia successo, ed anche in quel caso non avrai perso alcunché. Guarda, quindi, in faccia la situazione e godi dell'intero processo di fuggire dalla trappola della nicotina. La splendida verità è che ho solo buone notizie per te.

5 Gennaio

Ti senti ancora teso al pensiero di smettere? Non preoccuparti, è normale. Tutti i fumatori hanno una specie di costante tiro alla fune che tormenta il loro cervello. Dalla parte negativa la paura: rovina la mia salute, le mie finanze; e sotto questo punto di vista nessuno vorrebbe aver iniziato a fumare. Da quella positiva: fumare è un piacere, un amico, un sostegno; e quando ci si concentra su questi aspetti tutti i fumatori vorrebbero continuare.

6 Gennaio

In realtà, anche l'aspetto positivo si basa sulla paura: riuscirò a divertirmi alle feste, sarò in grado di concentrarmi o di affrontare lo stress senza sigarette?

Se in precedenza hai provato a smettere usando la forza di volontà, saprai di certo che è un'esperienza deprimente. So bene che ti è difficile immaginare una vita senza fumo ma ti assicuro che, con il mio metodo, in poco tempo l'unico mistero che resterà sarà il chiederti come hai mai potuto sentire il bisogno di accenderti una sigaretta, e guarderai gli altri fumatori con pietà piuttosto che invidia. Sii sereno perchè stai per ottenere qualcosa di meraviglioso.

7 Gennaio

Anche se tu avessi solo mezzo cervello, avrai senz'altro capito che fumare è un passatempo sporco, disgustoso e, oggigiorno, anche antisociale, che non fa bene né alla tua salute né al tuo portafoglio. Se ti aspetti che io ti elenchi dettagliatamente tutti i pericoli che il fumo pone per il tuo benessere o che ti tenga lezioni sulla tua stupidità nel continuare su questa strada, resterai deluso.

8 Gennaio

So che sia i cosiddetti esperti sia i nostri famigliari ci ripetono continuamente questi punti e so anche che queste sono le ragioni principali che ti spingono a desiderare di smettere. Ma non sembra che gli "esperti" riflettano mai - né, d'altra parte, lo facciamo noi - sul fatto che non si fuma per le ragioni che ci spingerebbero a smettere. Se vuoi riuscire, il vero problema è rimuovere le ragioni che ti portano a volere una sigaretta o sentirne il bisogno.

9 Gennaio

Magari pensi di conoscere queste ragioni: fumare rilassa e allenta il nervosismo e lo stress, aiuta la concentrazione e allevia la noia. O magari ti piace il sapore o l'odore della sigaretta. O magari hai raggiunto il punto che anch'io avevo raggiunto: non riuscendo a trovare alcun valido motivo per farlo, lo pensavo dovuto ad una personalità dipendente o ad un'abitudine difficile da perdere.

10 Gennaio

Ora ho delle meravigliose notizie da darti. In verità, non ottieni alcun vantaggio o sostegno dal fumare, come non li ottengono tutti gli altri fumatori. Il fumo, in verità, ostacola il rilassamento e la concentrazione mentre aumenta la noia, lo stress e il nervosismo.

11 Gennaio

"È una questione di gestualità" dice la gente. Come un tic nervoso? Alcune persone fanno schioccare le dita o tamburellano sul tavolo quando sono nervose, agitate, ansiose, stressate o annoiate. Il fumatore, invece, sembra dover maneggiare una sigaretta. Ma non si ferma lì: al maneggiarla e poi riporla nel pacchetto. Se così fosse, saresti ancora alla tua seconda sigaretta.

12 Gennaio

Non ti saresti acceso quella sigaretta se fosse vero che tutto quel che volevi era qualcosa che tenesse occupate le tue mani. Allo stesso modo, non ti saresti mai sentito teso o agitato se il tuo vero bisogno fosse stato quello di toccare una sigaretta. Avresti potuto, altrettanto facilmente - e con minor spesa - giocare con un bastoncino o una matita.

13 Gennaio

"È una soddisfazione orale". Come un ciuccio? Qualcosa che ti fa sentire sicuro, come succhiare il pollice da bambino? Nessuno si mette una sigaretta spenta in bocca solo per alleviare i nervi, per rilassarsi o per godere di una situazione. Sappiamo istintivamente che esistono modi migliori per ottenere tutto questo. Noi siamo in grado di affrontare gran parte dei problemi della vita, ma potremmo aver dimenticato come si fa. Non preoccuparti, ti tornerà alla mente.

14 Gennaio

La tua seconda istruzione è: assumi un atteggiamento mentale aperto.
Hai mai incontrato qualcuno con la mente chiusa, talmente impenetrabile da sembrare un gigantesco peocio? Certo che sì. A parte tu ed io, tutta l'umanità è composta da persone di quel genere! Scommetto, però, che non avrai mai incontrato una persona che ammetta di avere la mente chiusa. L'istruzione che ti ho appena dato è abbastanza semplice; seguirla è un altro paio di maniche. Il tuo successo, però, dipende dal metterla in pratica.

15 Gennaio

Le mie asserzioni possono sembrarti esagerate ma, prima di rifiutarle, diamo un'occhiata alle affermazioni opposte che asseriscono che le sigarette sono d'aiuto. Il rilassamento e lo stress sono antitetici come lo sono la concentrazione e la noia. Se cercassi di venderti una pastiglia affermando che avrà l'effetto opposto di una identica pasticca presa in precedenza, saresti così stupido da comperarla?

"Reiterare lo stesso atteggiamento in continuazione e aspettarsi risultati diversi è pura follia" Albert Einstein.

16 Gennaio

Non c'è da stupirsi che i fumatori siano riluttanti a smettere e trovino difficile farlo! E neppure c'è da stupirsi che si considerino le sigarette come un piccolo piacere, un amico e un sostegno, a cui possiamo accedere nei momenti più importanti della nostra vita: quando ci concentriamo, siamo nervosi, annoiati o in situazioni stressanti. Quali altre situazioni ci sono, del resto - con l'eccezione, ovviamente, del dormire o del mangiare - e, comunque, molti fumatori devono fumare anche mentre mangiano!

17 Gennaio

Sin dalla nascita la società ci condiziona affinché si creda non solo che una sigaretta sia una pillola magica, ma che abbia anche un buon odore e sapore. Buon sapore? Cosa c'entra il sapore? Non la mangiamo e se provassimo a farlo staremmo malissimo. Quel che accade quando fumiamo è che ci adattiamo alla disgustosa mistura di cui è fatta la sigaretta. La nicotina, nella sua forma originale, è aspra e acida. Le multinazionali del tabacco mascherano queste caratteristiche con degli "addolcenti" come il cioccolato, la vaniglia, il miele, la melassa e, naturalmente, il mentolo. Ogni nazione ha marche particolari che rispecchiano i gusti degli abitanti; per esempio la Francia aveva le Gitanes.

18 Gennaio

Per fortuna la maggior parte dei fumatori ricorda i primi tiri, quanto fossero disgustosi e quanto abbia dovuto sforzarsi per imparare ad aspirare il fumo senza star male e senza attacchi di tosse. Abbiamo fatto tutti quegli sforzi solo per imparare ad apprezzare il gusto? Se pensi di sì, accenditi una sigaretta adesso. Fai cinque o sei tiri concentrandoti sul gusto. Chiediti cosa ci sia di così piacevole nell'inalare fumi disgustosi e cancerogeni nei polmoni, per tutta la vita, e dovendo pagare per il privilegio di farlo.

19 Gennaio

Potresti dire "Mi piace la sensazione di inalare il fumo e mi stimola". Non siamo strutturati per inalare fumo. Quando si brucia della sterpaglia o si cuoce alla brace non ci si sta sopra inalando il fumo e godendo nel farlo. Soffochiamo se lo inaliamo. Da dove viene la sensazione di piacere? Ci arriva dalle multinazionali. Nelle sigarette sono stati messi degli ingredienti importanti che ci impediscono di soffocare, come il glicerolo e l'alcool etilico. Quando raggiungono l'incandescenza si disperdono in minuscole particelle di vapore che, aspirate, rivestono la gola. L'alcool agisce come un leggero anestetico e il glicerolo impedisce alla gola di seccarsi.

20 Gennaio

Potresti controbattere dicendo che, in certe occasioni, il tabacco ha un buon odore. Non posso negarlo. Ma noterai che è vero solo quando desideri una sigaretta e mai quando la stai fumando. Amo l'odore delle rose ma non ho mai desiderato di farne seccare i petali, avvolgerli in carta, dar loro fuoco e inalarne i fumi.

21 Gennaio

In verità, come avrai modo di constatare tra breve, praticamente ogni preteso vantaggio che ci è stato fatto credere si ottenga dal fumo è, in realtà, l'esatto opposto. Quel che invece è totalmente vero sono gli aspetti negativi del fumare. Immagina che ciascuna di queste false credenze sia uno dei numeri della combinazione che devi conoscere per fuggire dalla trappola della nicotina e ci sono circa una ventina di questi preconcetti. Non c'è quindi da stupirsi che i fumatori trovino difficile, se non impossibile, smettere. Stiamo ora per distruggere questi miti uno dopo l'altro. **Prima, però, dobbiamo occuparci della tua ultima istruzione.**

22 Gennaio

Uno dei più importanti aspetti di Easyway - molto apprezzato dai nostri clienti - è che si può continuare a fumare mentre si diventa dei non-fumatori. Con i "metodi della forza di volontà", ovvero tutti i metodi tranne Easyway, prima si smette e poi si spera che il desiderio di farlo se ne vada. Ma come si possono verificare gli aspetti del fumare se già non si fuma più?

23 Gennaio

Se credi di ottenere un qualche vero piacere e/o aiuto dal fumare, perchè dovresti cambiare idea una volta smesso? **In un certo senso ti ho già dato la tua istruzione finale: ti ho chiesto di continuare a fumare sino a quando ti dirò altrimenti.** Ma ho qualcos'altro da aggiungere, che fa parte del processo di apertura mentale. La maggior parte dei fumatori da 20 sigarette al giorno ammette, senza problemi, di gustarne solo 4 o 5. Chiediamoci, allora, perché fumino le rimanenti se lo fanno senza piacere? Non riusciamo a trovare una valida ragione per questo paradosso e quindi possiamo offrire solo una scusa: è un'abitudine.

24 Gennaio

La verità è che nessuna sigaretta ci piace. Fumiamo la maggior parte delle sigarette senza accorgercene. Poco fa ti ho detto di fare qualche tiro e di concentrati sul sapore. **Se fossimo consapevoli di ogni sigaretta che fumiamo**, non solo non ci sarebbe alcun piacere nell'inalare disgustosi fumi nei polmoni, ma ci accorgeremmo che spendiamo una fortuna e che quella sigaretta potrebbe essere quel che farà scattare un carcinoma polmonare. Se tutto questo accadesse, non solo non l'accenderemmo ma non avremmo neppure l'illusione che ci piaccia! Sentiamo, però, che dobbiamo continuare a farlo e chiudiamo gli occhi davanti alla verità.

25 Gennaio

Ma non è un fatto risaputo che alcune sigarette siano migliori di altre - per esempio quelle dopo un pasto? No, fa solo parte del lavaggio del cervello a cui siamo stati sottoposti. Come potrebbe essere possibile che una sigaretta sia diversa da un'altra provenendo tutte dallo stesso pacchetto? Tu hai bisogno di questo periodo di preparazione per scoprire la verità. **Cerca di fumare con consapevolezza la sigaretta dopo il pasto o in altre occasioni nelle quali pensi sia gradevole.** A tempo debito spiegherò perché certe sigarette sembrino migliori o più piacevoli di altre.

26 Gennaio

Hai bisogno di questo periodo di preparazione per scoprire la verità non solo sul tuo fumare ma per vedere oltre la facciata degli altri fumatori. Cosa ci accalappia all'inizio? La risposta lapidaria è: tutti gli altri che fumano. Ma, dirai tu, certamente non lo farebbero se non ne ottenessero un qualche aiuto o piacere. Quel che ci ha imprigionato è il fatto che quella prima sigaretta sia stata disgustosa. Qualunque timore avessimo avuto di spendere una fortuna diventando schiavi della nicotina per il resto della nostra vita, dopo i primi tiri era sparito velocemente. " Fanno così schifo che non ne diverrò mai dipendente!". Insistiamo nel farlo e, prima ancora di accorgercene, ci ritroviamo a comperare le nostre sigarette e a venir assaliti dal panico se le finiamo!

27 Gennaio

È incredibile ma la società e gli stessi fumatori credono di fumare perché scelgono di farlo. Questa è la prima illusione che stiamo per distruggere.
Non è difficile capire la fonte del mito. Dopotutto, visto che nessuno tranne noi stessi ci spinge a fumare, è ovvio che lo si faccia per scelta, no?

28 Gennaio

Quando hai deciso di diventare un fumatore? No, non ti sto chiedendo quando hai fumato la tua prima sigaretta di prova. Intendo quando hai deciso che ti saresti comperato le tue sigarette e avresti fumato non solo durante le occasioni sociali ma anche in altre situazioni, e ti saresti sentito insicuro senza il pacchetto a portata di mano? Quando hai deciso che, senza le sigarette, non ti sarebbe piaciuto un pasto o non saresti riuscito a rispondere al telefono o lavorare al computer? Se hai aperto la tua mente ti sarai accorto che la risposta a tutte queste domande è: mai.

29 Gennaio

Ti può essere di conforto sapere che nessun fumatore, vivo o morto, ha mai deciso di diventare tale. È solo il credere che perdiamo qualcosa che ci spinge nella trappola. E anche quando capiamo che siamo stati truffati e fuggiamo dalla trappola, sono solo gli altri fumatori che ci fanno sentire come se ci mancasse qualcosa. Cerca di capire che tutti i fumatori sulla faccia della terra vorrebbero essere non-fumatori. Potresti trovare questo concetto difficile da accettare ma guardiamo i fatti.......

30 Gennaio

Eravamo tutti in grado di godere e affrontare la vita prima di iniziare a fumare. Una persona che fumi 20 sigarette al giorno spende circa 85.000 euro nel corso della sua esistenza, correndo il rischio di sviluppare malattie tremende e fatali. Passiamo metà della nostra esistenza fumando senza accorgerci di farlo e desiderando di non doverlo fare e l'altra metà sentendoci tristi perchè non ci è concesso fumare in certe situazioni. Che razza di passatempo é questo: quando lo facciamo vorremmo non farlo e solo quando non possiamo farlo ci diventa prezioso? Il più grande cretino sulla faccia della terra non sceglierebbe una tale attività!

31 Gennaio

Nel caso non fossi ancora convinto rifletti su questo. I fumatori passeranno ore a decantarti i piaceri del fumo eppure non c'è un genitore nel mondo occidentale che non scoraggi con forza i propri figli e nipoti dal fumare. Questo non prova forse che loro stessi non avrebbero mai voluto finire nella trappola?

1 Febbraio

Iniziamo il secondo mese riassumendo le indicazioni del primo:

- Non c'è nulla di gradevole nell'inspirare fumi cancerogeni nei polmoni.

- Né tu né alcun altro fumatore fumate per scelta. Lo fate perchè siete caduti in una trappola dalla quale non sapete come uscire.

2 Febbraio

Forse non sei convinto del fatto che i fumatori non fumino per scelta ma perché sono vittime di una truffa. In caso affermativo rifletti su questo punto: la maggior parte dei fumatori decide di provare a smettere per lo meno una volta nella vita. Decisione consapevole e logica che testimonia il fatto che preferirebbero passare il resto della loro esistenza da non-fumatori. Se tornano a fumare non è perché scelgono di farlo ma perchè fallisce il loro tentativo di fuggire dalla trappola.

3 Febbraio

Potresti controbattere che alcuni non hanno mai provato a smettere e che quindi fumano perché scelgono di farlo. Se sei uno di loro sai benissimo che fumano non per scelta ma perché temono una vita senza nicotina.

4 Febbraio

Non solo non esiste una sola persona che abbia deciso di diventare un fumatore, ma la paura di restare senza nicotina è tale e siamo così intenti a cercar scuse per continuare a fumare che non ci accorgiamo della schiavitù che il tabacco ci impone. Uno degli aspetti più ingegnosi della trappola è che possono essere necessari anni prima di accorgerci che siamo prigionieri. Inoltre, anche quando ce ne accorgiamo, vogliamo uscirne, ma non oggi - domani.

5 Febbraio

La società è incline a giudicare i fumatori come piuttosto stupidi. Paradossalmente, anche i fumatori intelligenti si giudicano sciocchi. Ma se fosse vero significa che, quando nel mondo occidentale il 90% della popolazione maschile fumava, la stessa percentuale era composta da stupidi. Tra questi ultimi vanno annoverati Einstein, Freud e Winston Churchill.

6 Febbraio

Poiché i fumatori ritengono che fumare sia un'attività sciocca e non riescono a capire perché continuino a farlo, lo attribuiscono ad una personalità dipendente - come feci io - o a un difetto genetico o al fatto che fumare sia un'abitudine e, come tale, difficile da perdere. Tutte queste non sono le ragioni per cui fumiamo ma piuttosto le scuse per giustificare la nostra incapacità di smettere.

7 Febbraio

Non esiste la personalità dipendente. Se io avessi una personalità socievole tenderei ad aggregarmi ad altre persone. Ne segue che se avessi una personalità dipendente vorrei essere dipendente non solo dalla nicotina ma anche, per esempio, dall'eroina e altre sostanze. Eppure, lungi dall'avere personalità dipendenti, i fumatori accaniti tendono a non assumere altre droghe. È la nicotina che provoca la dipendenza e non la tua personalità.

8 Febbraio

Il dibattito riguardante il "malfunzionamento genetico" è più complesso da risolvere. Il XX secolo è stato caratterizzato dalla ricerca di pillole che risolvessero i problemi. L'uomo non riesce a creare una sola cellula vivente, eppure la tendenza corrente è quella di incolpare i nostri geni, come se l'incredibile intelligenza che ci ha creati miliardi di volte più sofisticati di qualunque altra macchina costruita dall'uomo, avesse commesso un errore. Il tutto suona un po' come se tu facessi cadere il tuo orologio da una notevole altezza e accusassi il suo designer del fatto che abbia smesso di funzionare.

9 Febbraio

Quando un manufatto si rompe, cerchiamo di trovare la causa e di correggerla. Ma con qualcosa di così complesso come l'essere umano, anche quando troviamo la causa del disturbo - per esempio fumare o mangiare in eccesso - invece di risolvere il problema all'origine, cerchiamo delle pastiglie o accusiamo i nostri geni. È come se sostituissimo un fusibile con un chiodo da 10 cm e pensassimo di aver risolto il corto circuito dell'impianto elettrico.

10 Febbraio

Una volta che avrai capito la trappola della nicotina e ne sarai fuggito con successo, comprenderai che non fumavi perchè hai una personalità portata alle dipendenze, o tendenze suicide o una malfunzione genetica. Realizzerai di essere stato, semplicemente, un altro dei miliardi di persone che sono cadute nella trappola e non sapevi come uscirne. Quel che sto dicendo non ha nulla a che fare con il pensiero positivo; riguarda solo la conoscenza e la comprensione. Non puoi vincere una battaglia se non sei preparato e non conosci i punti deboli del tuo nemico.

11 Febbraio

Sino ad ora non ti ho dimostrato il fatto che non ottieni alcun vantaggio dal fumare. Se, comunque, hai un atteggiamento mentale aperto, hai studiato il tuo fumare e hai osservato altri fumatori, avrai verificato da solo che tutte le convinzioni che la società perpetua riguardo al fumo sono totalmente distorte. Allora perchè crediamo che la sigaretta sia la pillola magica che migliora qualunque situazione?

12 Febbraio

Ti sei mai chiesto come sia possibile che qualcuno abbia una visione così deviata dell'esistenza da pensare di provare piacere nel ficcarsi una siringa in una vena? Gli eroinomani lo fanno. Perchè pensi che accada? La società mi ha fatto credere che lo facciano per potersi godere bellissimi sogni.

13 Febbraio

Quando vai a letto alla sera ti preoccupa la possibilità di non avere magnifici sogni? O sei come me: speri solo di non avere incubi e di dormire a sufficienza? Riesci a credere che esista qualcuno così stupido da sottostare al dramma di essere un eroinomane semplicemente per poter avere sogni bellissimi?

14 Febbraio

Prova a immaginare un eroinomane senza eroina - la depressione, il panico. Ora immagina il sollievo che prova quando riesce ad iniettarsi la sua dose. Chi non fa uso di eroina non prova quel panico. Ogni dose, lungi dall'alleviare la sensazione, ne è la causa.

15 Febbraio

I non-fumatori sono esattamente nella stessa posizione: non devono battere le strade a tarda notte alla ricerca di un distributore di sigarette quando ne hanno poche. Né lo dovevi fare tu quando non eri ancora caduto nella trappola. I non fumatori vedono i fumatori allo stesso modo in cui tu vedi un eroinomane o un alcolista cioè qualcuno la cui vita è dominata da una tossicodipendenza. La nicotina evita di venir classificata come una droga poiché è un veleno. Oggi, pur essendo al primo posto come sostanza letale e tossicomanigena, è liberamente in commercio e perfettamente legale.

16 Febbraio

Come è possibile che, prima di cadere nella trappola, consideriamo fumare un'abitudine disgustosa e sporca e giudichiamo i fumatori come persone piuttosto patetiche che sentono il bisogno di spendere una fortuna per riempirsi i polmoni di fumi cancerogeni e poi, una volta intrappolati, cerchiamo ogni scusa per rimanere tali, indipendentemente da quanto illogica sia la scusa?

17 Febbraio

Non sottovalutare l'ingegnosità della trappola della nicotina! Ha già ucciso più persone di quante ne abbiano uccise tutte le guerre. Ma la trappola della nicotina è una truffa e sia persone intelligenti che persone sciocche possono venir truffate. Se, però, capisci che è un inganno, in nessun modo potrai continuare a farti truffare.

18 Febbraio

Se tu riuscissi a spiegare ad un topo come funziona una trappola, se potesse capire che il suo tentativo di mangiare il formaggio farà scattare una barra di metallo che gli spezzerà la schiena, pensi che si avvicinerebbe mai a quel pezzo di formaggio?

19 Febbraio

Se i fumatori sapessero che, tutte le volte che inalano nicotina nei loro polmoni, non solo stanno pagando una montagna di soldi per correre il rischio di malattie terribili ma stanno rendendosi più nervosi, più insicuri, astenici, meno capaci di rilassarsi o concentrarsi o affrontare lo stress, pensi che continuerebbero a fumare?

20 Febbraio

Ti sei mai chiesto perchè dovrebbe essere difficile smettere di fumare? In fin dei conti, nessuno ci obbliga a farlo. Quindi, se decidessimo che non vogliamo mai più fumare, perchè dovrebbe essere un problema? Non dobbiamo fare nulla se non astenerci dall'accendere un'altra sigaretta. I cosiddetti "esperti" danno tre motivi fondamentali.

21 Febbraio

Il primo è che fumare è un'abitudine e, come tale, difficile da perdere. Ma è vero? Ho avuto l'abitudine di guidare a sinistra per oltre mezzo secolo, ma quando guido nei paesi oltre la Manica non ho alcuna difficoltà a spezzare l'abitudine. In realtà, non facciamo nulla per abitudine.

22 Febbraio

Che cos'è un'abitudine? Non è altro che la ripetizione di certi modelli comportamentali. Quante volte occorre ripetere certi comportamenti prima che divengano abitudini? Il numero è irrilevante, ma supponiamo che sia cinque volte. Le prime quattro volte che stavi ripetendo quel comportamento non lo facevi per abitudine. Il punto a cui voglio arrivare è che, poiché per quelle quattro volte non l'hai fatto per abitudine, ci deve essere stata un'altra ragione che ti ha spinto a farlo. In altre parole, è diventato un'abitudine solo perchè avevi una ragione per ripeterlo e non viceversa.

23 Febbraio

La ragione per cui alcuni atteggiamenti divengono abitudini è ovvia. Io sono abituato a guidare a sinistra semplicemente perchè sarei stupido (e sarebbe illegale!) fare altrimenti. Dall'altra parte della Manica la situazione è diversa e quindi la mia abitudine cambia. Ma alcune abitudini come l'onicofagia e il fumare, vorremmo non averle e non capiamo perché continuiamo a farlo. Se credi di fumare solo perchè ne hai preso l'abitudine, è logico pensare di poter perdere quest'ultima semplicemente non fumando per un periodo sufficientemente lungo. Ma non si fuma per abitudine. Quel che dobbiamo eliminare è la ragione che ti ha fatto prendere "l'abitudine" all'inizio.

24 Febbraio

La seconda ragione che gli esperti adducono è la necessità di sopportare sgradevoli sofferenze fisiche quando si smette di assumere nicotina. Ti invito, di nuovo, a guardare i fatti: i fumatori possono dormire tutta la notte senza fumare e non si svegliano in agonia; non sono in preda ad alcun dolore.

25 Febbraio

Oggigiorno la maggior parte dei fumatori esce dalla camera da letto prima di accendersi una sigaretta. Molti fanno colazione. Altri aspettano di uscire di casa e altri ancora attendono di essere arrivati al lavoro. Molti fumatori, anche se accaniti, non hanno problemi a fare anche lunghi voli intercontinentali. I fumatori occasionali possono non fumare per intere giornate e non sentire alcun disagio fisico. Io passai da 100 sigarette a 0 nel giro di poche ore senza alcun sintomo fisico di astinenza.

26 Febbraio

La tortura sofferta dai fumatori quando smettono usando la forza di volontà è esclusivamente mentale. Per motivi che non capiscono, desiderano ancora una sigaretta ma non se la concedono. Non c'è quindi da stupirsi se si sentono privati di qualcosa e, di conseguenza, tristi. È la stessa sensazione che li spinge ad uscire di notte per cercare un tabaccaio o un distributore automatico. Quella sensazione di panico raggiunge l'apice proprio quando stanno fumando l'ultima sigaretta del pacchetto. Com'è quindi possibile che sia causata dai sintomi d'astinenza?

27 Febbraio

La terza ragione che gli esperti offrono per giustificare la difficoltà di smettere di fumare riguarda te e la tua mancanza di determinazione. Asseriscono che occorra forza di volontà per smettere. Se non ci riesci, la colpa è solo tua - manchi di determinazione. E qual è l'utile consiglio che questi cosiddetti esperti ti offrono? Che fumare è un'abitudine sporca, disgustosa che rovina la tua salute e il tuo portafoglio. Ma non lo sapevi già? Non è forse quello il motivo per cui hai chiesto il loro aiuto?

28 Febbraio

Il non riuscire a smettere non è dovuto alla mancanza di volontà ma ad un conflitto di quest'ultima. Io sapevo di essere una persona molto volitiva e non riuscivo a comprendere come ci riuscissero amici che si reputavano deboli mentre io continuavo a fallire. Se, però, osservi i tuoi amici fumatori ti accorgerai che, a parte il loro fumare, molti sono persone intelligenti e determinate. Il fatto che tu voglia smettere prova che sei una persona abbastanza intelligente. Ma accettiamo i fatti: visto che nessuno ti obbliga a fumare, deve esserci una qualche forza che ti spinge a continuare, altrimenti saresti già un non fumatore.

29 Febbraio

Probabilmente questo non sarà un anno bisestile. Se per caso lo fosse - prenditi un giorno di vacanza.

A proposito, stai ancora analizzando il tuo fumare e quello di altri fumatori? Domani inizia marzo, il mese che arriva come un leone e se ne va come un agnello. Questo marzo per te sarà diverso: lo inizierai da agnello e lo finirai da leone!

1 Marzo

MARZO

Un altro mito comune è quello secondo il quale, prima che fosse appurato il collegamento tra fumo e carcinoma polmonare, non sapevamo che fumare facesse male. Non è vero. Sin dalla Prima Guerra Mondiale, in Inghilterra, le sigarette avevano nomignoli che facevano chiaro riferimento alla loro pericolosità ed alle conseguenze del fumare. Non fui sorpreso quando venne annunciata la minaccia del cancro. Mi era chiaro che ci fosse qualcosa di demoniaco e innaturale nell'inalare fumo disgustoso nei polmoni per tutto il giorno, tutti i giorni.

2 Marzo

La nicotina é un veleno ampiamente usato nei pesticidi per i suoi effetti distruttivi su tutti gli organismi viventi. Viene misurata in milligrammi poiché ne occorre una minima quantità per una dose letale. Se si estraesse la nicotina contenuta in una sigaretta e ti venisse iniettata, moriresti. Per fortuna, quando viene fumata, la quantità che raggiunge il corpo è così bassa da non ucciderci (per lo meno non immediatamente).

3 Marzo

Quando nacque la manifattura del tabacco, si raccoglievano solo le foglie e i germogli più teneri e veniva tolta la nicotina. La tecnologia moderna prevede che il veleno venga estratto da tutta la pianta. Il tabacco viene poi schiacciato, seccato e polverizzato e il veleno prima estratto viene rimesso in precise quantità, con altri 600 agenti chimici tossici. La quantità di nicotina in ciascuna sigaretta è attentamente calcolata per assicurare che il corpo ne riceva quanto basti per sentire i sintomi d'astinenza una volta si sia quasi completato il processo di eliminazione del veleno dal corpo.

4 Marzo

Supponiamo di essere convinti che diventare pilota di formula uno non comporti alcun pericolo e che, successivamente, alcuni scienziati facciano uno studio che provi che, in realtà, sia un passatempo molto pericoloso. Alla luce di questa acquisita conoscenza, chi verrebbe considerata una persona debole: il guidatore che non ha più il coraggio di proseguire con il suo sport preferito o chi continua?

5 Marzo

Non sto cercando di giustificare il fumo ma semplicemente sottolineando che la mente di tutti i fumatori soffre di un continuo tiro alla fune generato non dalla mancanza ma da un conflitto di volontà. Quando venne stabilito il collegamento tra fumo e cancro ai polmoni, molti fumatori pensarono che il rischio che correvano fosse più spaventoso della prospettiva di una vita senza il loro supporto, il loro amico. Io invece, fui uno di quelli che credettero il contrario: che l'esistenza senza sigarette fosse più spaventosa che correre quel rischio.

6 Marzo

Anche se, come tutti i fumatori, mi sentissi sporco, debole e stupido per il fatto che ero controllato da un'abitudine che detestavo, ogni volta che avevo provato a smettere mi ero sentito tremendamente triste. Presi quindi quella che mi parve la decisione più logica: preferire la vita più breve ma più eccitante del fumatore a quella più lunga ma più noiosa dell'ex-fumatore.

7 Marzo

Se quella fosse stata la reale scelta, sarei ancora un fumatore. Mi correggo: sarei morto oltre 20 anni fa. La difficoltà che incontro oggi è il cercare di capire come avessi potuto ridurmi in uno stato tale da credere che la vita del fumatore possa essere più eccitante di quella del non-fumatore, o che la vita di un non-fumatore possa essere più noiosa di quella di un fumatore.

8 Marzo

Distruggiamo un'altra delle illusioni che circondano il fumo. È vero che chi fuma ha la tendenza ad accendersi una sigaretta in situazioni di noia; ma apri la mente. Mentre fumi una sigaretta pensi sul serio: questa è veramente l'esperienza più eccitante e affascinante della mia vita. Mi accendo una sigaretta e aspiro il fumo disgustoso e cancerogeno nei miei polmoni. Perbacco! Sono proprio fortunato! I non-fumatori non godono mai questo piacere.

9 Marzo

Se hai seguito le mie istruzioni ed hai fumato le tue sigarette facendo attenzione, avrai scoperto che anche i fumatori non provano quel piacere. Le sigarette non alleviano la noia, anzi ne sono una delle maggiori cause. Riesci ad immaginare qualcosa di più noioso che fumare 100 sigarette al giorno per oltre 30 anni?

10 Marzo

Allora, se è vera la mia asserzione che il fumo non offre alcun piacere o beneficio, come può essere che milioni di fumatori vivi e morti siano stati illusi? Come ho anticipato, la trappola della nicotina è la più ingegnosa e sottile truffa che Madre Natura e l'essere umano abbiano mai congegnato ed io sono la prima persona che l'ha compresa.

11 Marzo

Esattamente come un ingegnoso trucco smette di apparire magico una volta che viene spiegato, allo stesso modo la trappola della nicotina diviene lampante una volta che la si è capita. Avrai notato che non ho mai fatto accenno a "la trappola della nicotina". Se hai mai provato le sigarette alle erbe saprai che, non importa quanto perseveri nel fumarle, non riesci mai a fartele piacere.

12 Marzo

Se hai provato a passare alle sigarette che ci si fa da soli o alla pipa o ai sigari, convinto che il loro sapore disgustoso ti avrebbe aiutato a diminuire quanto fumi, avrai scoperto che, esattamente come accadde con la tua prima sigaretta che, pur avendo un sapore disgustoso, ti sembrò gradevole una volta "acquisito" il gusto, allo stesso modo, prima o poi, s'impara ad "acquisire" il gusto di qualunque sostanza che contenga nicotina.

13 Marzo

Credi che gli eroinomani si buchino perchè amano farsi delle iniezioni o per assumere la droga?
Pensi che i cocainomani aspirino cocaina perchè amano sniffare o per avere l'effetto della droga?
Credi che chi fiutava tabacco lo facesse perchè gli piaceva il rituale o semplicemente perchè la polvere di tabacco contiene nicotina?

14 Marzo

Come potrà assicurarti qualunque minatore o vigile del fuoco, non c'è alcun piacere nell'inalare fumi velenosi nei polmoni ed è quindi difficile immaginare un passatempo più ridicolo che farlo quotidianamente, pagando una piccola fortuna per il privilegio. Abbiamo iniziato a fumare per ragioni sciocche. L'unica ragione per cui il fumatore continua a fumare è: perché è dipendente dalla nicotina.

15 Marzo

"Attento alle Idi di Marzo!". Allora, se non è il fumare che offre i benefici, sarà la nicotina? No, non ci sono benefici sia che tu la fiuti, la inali, la mastichi o la assorba da un cerotto sul braccio.

MARZO

16 Marzo

La nicotina non solo ammazza gli insetti ma, al momento, uccide, ogni anno, anche circa 7 milioni di persone al mondo. Comunque, è l'effetto della droga nicotina che crea l'illusione che si ottenga un qualche piacere o aiuto dal fumare. La pianta del tabacco è indigena del Sud America, ed appartiene alla stessa famiglia della Belladonna. È la droga più tossicomanigena che si conosca: una sola dose può renderti dipendente.

17 Marzo

È credenza comune che la nicotina consista in quel disgustoso marrone che i fumatori hanno sulle dita e sui denti. In realtà, quelle macchie sono causate dal catrame. La nicotina è una sostanza oleosa e incolore. Tempo fa, oltre il 90 per cento della popolazione maschile adulta in occidente ne era dipendente.

18 Marzo

Ogni tiro di sigaretta fa arrivare al cervello, tramite i polmoni e il sistema circolatorio, una piccola dose di nicotina che agisce più rapidamente di una dose di eroina iniettata in vena. Ci sono circa 20 tiri in una sigaretta quindi, con una sola sigaretta si hanno 20 dosi di nicotina.

19 Marzo

Se sei una di quelle persone che pensano di non inalare il fumo, ti sbagli. Per la maggior parte della nostra vita non ci accorgiamo di respirare, ma ce ne accorgeremmo immediatamente se non potessimo farlo. Comunque sia, avrebbe ben poco senso accendersi una sigaretta se non ne aspirassimo la nicotina.

20 Marzo

I primi tiri sperimentali non ci danno neppure l'illusione di un qualche piacere o sostegno. Fortunatamente, buona parte dei fumatori ricorda quanto quell'esperienza fosse disgustosa e che fatica abbia dovuto fare non tanto per "acquisire" il sapore ma per inalare il fumo senza tossire o sentirsi male.

21 Marzo

Come accade con tutte le droghe, il punto non riguarda tanto il piacere del prenderle, ma l'effetto che la droga ha fisicamente quando diminuisce. I cosiddetti esperti ci fanno intendere che soffriamo di sintomi d'astinenza solo quando cerchiamo di smettere. In realtà, l'unica ragione per cui la gente continua a fumare è dovuta all'inutile tentativo di alleviare i sintomi d'astinenza creati dalla precedente dose di nicotina.

22 Marzo

Nel momento in cui spegni una sigaretta la nicotina incomincia ad abbandonare il corpo. Questo causa una sensazione di vuoto, insicurezza, quasi identica ai morsi della fame. Noi la riconosciamo solo come il desiderio di fare qualcosa con le mani o, più semplicemente, come: voglio/ho bisogno di una sigaretta! 30 minuti dopo averla spenta, il livello di nicotina nel sangue si dimezza, e dopo un'ora diviene un quarto. Questo spiega perchè buona parte dei fumatori fumi circa 20 sigarette al giorno.

23 Marzo

Appena ti accendi un'altra sigaretta la nicotina è rimpiazzata e la sensazione di insicurezza e di vuoto scompare. Questo crea una sensazione gradevole che i fumatori descrivono come piacevole, soddisfacente o rilassante. È un po' come togliersi un paio di scarpe strette. I giovani tendono a descriverla come una spinta, un piccolo sballo. Perchè questa differenza nella descrizione? Perchè quando stiamo imparando a fumare, in nessun modo potremmo descrivere l'esperienza come piacevole.

24 Marzo

Indicherò quella sensazione di vuoto e insicurezza come il "piccolo mostro". Perchè? Perchè anche se è realmente un fastidio fisico, è così lieve e di poco conto da essere praticamente impercettibile. La verità è che il 99.99 per cento dei fumatori ha vissuto ed è morto senza accorgersi della sua esistenza. Per anni mi sono definito un dipendente da nicotina. Mi sono anche definito un dipendente dal golf ma in nessuno dei due casi credevo di essere dipendente da una droga.

25 Marzo

Pensavo che la nicotina fosse una disgustosa sostanza marrone che macchiava le mie dita e i miei denti. Non sospettavo minimamente che il cercare di sfamare l'insaziabile "piccolo mostro" fosse l'unica ragione che spingeva me e qualunque altro fumatore a fumare.

26 Marzo

Non preoccuparti se, in questo momento, hai difficoltà ad accettare questo concetto. Se fosse così semplice, sarebbe ovvio e Allen Carr non sarebbe stato l'unico a capire la cosa. Un trucco ben fatto diviene ovvio solamente una volta spiegato. Prima di Galileo, vedere il sole sorgere a levante e tramontare a ponente, non faceva altro che rafforzare quel che gli "esperti" e tutti gli altri credevano: che il sole ruotasse intorno alla terra.

27 Marzo

Oggi sappiamo che è la terra a muoversi intorno al sole. L'illusione era creata da un'errata convinzione facilmente spiegabile. Ma quella semplice illusione era così potente che occorsero migliaia di anni perchè l'uomo distruggesse quel mito. Ancora oggi noi visualizziamo il sole sorgere a est e tramontare a ovest invece di immaginare la terra che, ruotando sul proprio asse, vede o non vede il sole.

28 Marzo

Prima che marzo se ne vada come un agnello e che tu lo lasci come un leone occorre che tu capisca bene una cosa: i non-fumatori non hanno bisogno di avvelenarsi per poter godere di una cena o lavorare al computer. Né avevi bisogno di farlo tu prima di cadere nella trappola della nicotina e non avrai bisogno di farlo una volta che sarai fuggito dalla prigione.

29 Marzo

L'unica ragione per cui ogni fumatore si accende una sigaretta sta nel vano tentativo di alleviare quella sensazione di vuoto e di insicurezza causata dalla precedente sigaretta. Una volta che avrai capito che ciascuna sigaretta invece di alleviare quella sensazione la crea, allora non avrai più alcun desiderio di accendertene una come non avresti voglia di mettere una mano in un pentolone di acqua bollente solo per provare il sollievo nel toglierla.

30 Marzo

Nessuno ama vivere con alti livelli di stress poiché causa un dissesto fisico e mentale. Ci si sente insicuri, vulnerabili e incapaci di agire. La paura e l'ansia, provocando un rilascio di sostanze chimiche immesse poi nel sistema circolatorio, creano reazioni fisiche e possono provocare un senso di vuoto. Questa sensazione è identica a quella che provi quando vuoi una sigaretta. Non sorprende quindi che il cervello del fumatore si confonda e, in momenti di stress, prenda la via più breve verso quel che lui ritiene essere il "rimedio" più immediato.

31 Marzo

È vero che ti senti più rilassato, sicuro, più in grado di concentrarti e affrontare lo stress quando ti accendi una sigaretta, ragion per cui alcuni fumatori asseriscono che fumare offra una sorta di reale vantaggio. Ma é altrettanto vero che quando ci togliamo un paio di scarpe strette ci sentiamo più rilassati; nessuno, però, affermerebbe che indossarne un paio sia rilassante. È altrettanto ovvio che sono solo i fumatori che provano la sensazione di panico dettata dal voler una sigaretta, ma lungi dall'alleviare questa sensazione, ogni sigaretta fa in modo che si perpetui.

1 Aprile

L'inverno del nostro scontento è passato. Come mai la primavera è sempre un tempo di stupefatta ispirazione? Perchè ad ogni primavera siamo testimoni dell'incredibile rinascita della natura. Questa primavera sarà la più preziosa della tua vita. Per anni sei vissuto con la depressione causata dall'essere schiavo della dipendenza da nicotina e nella tua vita c'era un'ombra incipiente sempre più cupa.

2 Aprile

Il Pesce d'Aprile è passato e tu stai per smettere di essere vittima del più terribile Pesce d'Aprile: quello di spendere i tuoi sudati soldi per aspirare fumi disgustosi e cancerogeni nei tuoi polmoni con il solo fine di cercare di tornare a quello stato di pace e distensione di cui hai goduto durante tutta la tua vita sino a quando sei stato così sfortunato da accenderti la prima sigaretta.

3 Aprile

Può veramente essere così semplice? Che l'unica ragione per cui qualunque fumatore continua a fumare sta nel vano tentativo di tornare a quel livello di sicurezza e rilassamento di cui ha goduto durante tutta la sua vita prima di essere così sfortunato da accendersi la prima sigaretta? Potresti trovare difficile accettare questa affermazione, ma ti assicuro che è proprio così.

4 Aprile

L'essere fumatore ha molti aspetti patetici ma il più patetico sta nei vani tentativi dei fumatori di descrivere i piaceri che ottengono dal fumare ad un scettico non-fumatore. L'unico piacere che ne ricavano è quello di cercare di sentirsi come un non-fumatore, e, ironia della sorte, l'unica cosa che impedisce loro di ottenere quel che si prefiggono è la loro successiva sigaretta.

5 Aprile

Ma certo non può essere così facile: ci sarebbero arrivati altri milioni di persone. Non sottovalutare l'ingegnosità della trappola. Ci sono vari motivi che ne rendono difficile la comprensione. Sin dalla nascita siamo stati sottoposti ad un gigantesco lavaggio del cervello. I fumatori ci dicono quanto sia piacevole fumare, come li rilassi e come li faccia sentire più sicuri. Perchè non dovremmo credergli? Non continuerebbero certo a fumare se non fosse così.

6 Aprile

Siamo stati anche condizionati a credere che fumare fosse un segno di maturità: che gli uomini forti e le donne sofisticate fumano. Non c'è quindi da stupirsi che, prima o poi, si abbia cercato di soddisfare la nostra curiosità. Non so quanti gatti siano stati uccisi dalla curiosità*, ma so che il fumo è oggigiorno responsabile della prematura, lenta e sofferta morte di oltre 7 milioni di persone all'anno.

* da un proverbio inglese "La curiosità uccise il gatto"

7 Aprile

Il fumo appare al cinema, nelle riviste, alla televisione. Il gesto di un attore ripreso in un film mentre si accende una sigaretta genera vari messaggi subliminali. Il vedere un individuo adirato - durante una discussione con il capo o con l'amante - accendersi una sigaretta e rilassarsi mentre inala il fumo, dà luogo ad un messaggio molto potente: le sigarette aiutano in situazioni stressanti.

8 Aprile

Anche se oggi molte nazioni hanno leggi che impediscono di mostrare o promuovere il fumo alla TV o nei film, in realtà continua a succedere. Una ricerca ha mostrato che nel 2004 le immagini relative al fumare erano aumentate del 46 per cento nei film di Hollywood. La giustificazione è stata la "licenza poetica" mentre documenti emersi dalle stesse industrie mostrano che la causa era probabilmente da ricercarsi nel fatto che attori famosi erano disposti a far uso di questi prodotti nei film in cambio di denaro.

9 Aprile

Lo sceneggiatore hollywoodiano Joe Eszterhas ha scritto la famosa scena del film "Basic Instinct" nella quale Sharon Stone fuma una sigaretta. Inizialmente difese la sua decisione di rendere deliberatamente erotica la scena adducendo la "licenza poetica". Dopo aver contratto un cancro alla gola a causa del fumo, è diventato un grande difensore del divieto di mostrare il fumo alla TV e nei Film. Eszterhas conosce bene l'impatto che una scena ben studiata può avere sul pubblico: è tempo che anche tu ne sia consapevole.

10 Aprile

I fortunati trovano le loro prime sigarette così tremende che non sono più tentati ad accendersene un'altra. Gli sfortunati perseverano e, prima ancora di rendersene conto, si ritrovano accalappiati.

11 Aprile

Naturalmente, all'inizio, non comperiamo ogni giorno le sigarette ma solo quando usciamo per una serata o ci rilassiamo a fine settimana o andiamo in vacanza. Prima ancora di accorgercene, ci ritroviamo a comperarle e fumarle ogni giorno. A dire il vero, non passa molto tempo prima che iniziamo a sentirci insicuri senza un pacchetto di sigarette.

12 Aprile

Vorrei che ti concentrassi su quella sensazione di insicurezza. All'epoca le sigarette erano veramente così buone? Fumavi davvero perchè ti facevano sentire cresciuto, forte o sofisticata? O eri solo uno dei milioni di persone risucchiate in questa trappola diabolica? Hai iniziato a comperare e fumare quelle sigarette con regolarità perchè il "piccolo mostro" stava prendendo possesso della tua vita.

13 Aprile

Dopo essere stati condizionati a credere che fumare sia piacevole e ci offra un supporto e una volta che abbiamo insistito per "acquisirne" il gusto, perchè mai dovremmo mettere in discussione questa convinzione quando sembra così veritiera?
Quando i dipendenti dalla nicotina stanno fumando si sentono effettivamente più in grado di concentrarsi, più rilassati e sicuri di sé, meno tesi, annoiati o stressati di quando non fumano. Non riusciamo a capire come una sigaretta possa ottenere tutti questi effetti contraddittori, ma che importa? Inutile anche solo porsi la domanda; basta che lo faccia.

14 Aprile

Infatti, cominciamo a chiedercelo solo una volta che i cumulativi effetti del fumare iniziano ad avere conseguenze negative sulla nostra salute, energia e le nostre finanze. La ragione per cui è difficile riuscire a capire le tossicodipendenze è perchè funzionano all'inverso: soffriamo di quella sensazione di vuoto e di insicurezza solo quando la droga sta lasciando il nostro corpo. Poiché in quel momento non stiamo fumando, non soffriamo di dolori fisici e la sensazione è pressoché impercettibile, non la imputiamo alla precedente sigaretta. Nel momento in cui accendiamo la successiva sigaretta, rimpiazziamo la nicotina, ci sentiamo più rilassati e sicuri ed attribuiamo queste magiche proprietà alla sigaretta.

15 Aprile

L'ultimo motivo per cui è così difficile comprendere la trappola è proprio perchè la sensazione è così impercettibile. Non c'è sofferenza fisica; riconosciamo quella sensazione semplicemente come un : "voglio/ ho bisogno di una sigaretta!". Per poter capire a fondo la dipendenza da nicotina occorre che tu capisca la fame.

APRILE

16 Aprile

Giudichiamo la fame come una spiacevole esperienza. Ma immagina di essere il creatore e di aver generato l'incredibile varietà di specie che popolano la terra. Come ti assicureresti che non muoiano di fame? Potresti sfamarli tu, una per una, quotidianamente ma sarebbe tremendamente oneroso in termini di fatica. Allora perchè non fare quel che ha fatto il creatore ovvero inventare l'ingegnoso meccanismo della fame.

17 Aprile

Cosa realmente accade quando hai fame? Sei forse piegato in due dal dolore? Il tuo stomaco può gorgogliare ma non è doloroso. Non è forse vero che riconosciamo la fame come una sensazione di vuoto e insicurezza, come un "ho bisogno di mangiare"?

18 Aprile

Molte persone credono che il vero piacere di mangiare stia nel sapore del buon cibo. Non è vero. Non è pura coincidenza che ci si auguri "buon appetito" prima di mangiare e non "buon cibo". Il vero piacere di mangiare sta nel soddisfare quella sensazione di vuoto e insicurezza che riconosciamo come fame.

19 Aprile

È vero che preferiamo soddisfare la fame con certi cibi piuttosto che altri, esattamente come preferiamo soddisfare il nostro desiderio di nicotina con una certa marca piuttosto che un'altra. Ma proprio come certe persone che stavano morendo di fame han finito con il ricorrere al cannibalismo per non morire, i fumatori, se non riuscissero a trovare la loro marca, fumerebbero pezzi di corda vecchia piuttosto che non fumare.

20 Aprile

Quindi, anche se non c'è un dolore fisico, non sottovalutare l'effetto di questa sensazione di vuoto e insicurezza. Se può spingere persone timorose di Dio al cannibalismo e se i fumatori arrivano ad avere i loro arti amputati piuttosto che smettere di fumare, è reale! Il senso di vuoto creato dal desiderio di nicotina è identico alla fame per cibo, ma uno non soddisferà l'altro.

21 Aprile

È proprio questa somiglianza tra il soddisfare la fame per il cibo e il soddisfare il desiderio di nicotina che inganna facendoci pensare che si ottenga un vero piacere o un reale sostegno dal fumare. La verità è l'esatto opposto.

22 Aprile

Sfamarsi è realmente un'esperienza piacevole mentre l'inalare fumi disgustosi e cancerogeni nei polmoni può difficilmente venir definita un'attività piacevole. Il cibo è essenziale per la nostra sopravvivenza, per la nostra energia e per restare in forma e in salute. La nicotina è un potente veleno che ci rende astenici e ci abbrevia la vita. Il cibo non genera ma soddisfa la fame e ci permette di goderci tre pasti al giorno per l'intera durata della nostra vita. Fumare, invece, genera e non soddisfa il bisogno di nicotina.

23 Aprile

Non sarebbe poi così male se, una volta accesa una sigaretta, tu tornassi a sentirti altrettanto bene di quanto ti sentivi prima di accenderti la prima. Sfortunatamente, anche mentre fumi quella sigaretta, ti senti più nervoso e meno rilassato di quanto ti sentissi prima di iniziare a fumare. Perchè? Assuefazione.

24 Aprile

L'essere umano è una macchina per la sopravvivenza molto sofisticata e, che lo si voglia o meno, il nostro istinto ci spinge ad assicurarci che si sopravviva. Tendiamo a considerare la paura come una debolezza ma, in realtà, è come un allarme antincendio che ci avvisa del pericolo e ci spinge ad eliminarlo.

25 Aprile

Il sapore disgustoso, gli attacchi di tosse e il senso di nausea che proviamo quando accendiamo le nostre prime sigarette funzionano come un allarme tramite il quale il nostro corpo ci dice: "Mi stai avvelenando! Per favore smetti!" Se continuiamo a fumare, il nostro corpo ne deduce che non abbiamo scelta e non che siamo tremendamente stupidi!

26 Aprile

Allora, miracolosamente, il corpo cerca di aiutarci permettendoci di tollerare il veleno. Rasputin aveva ottenuto una tale tolleranza al veleno che poteva sopravvivere ad una dose 20 volte superiore a quella che avrebbe ucciso un altro essere umano. La tolleranza, però, è un'arma a doppio taglio.

27 Aprile

Man mano che il corpo impara a tollerare gli effetti dell'avvelenamento da nicotina, ogni volta che ti accendi una sigaretta allevi solo parzialmente la sensazione di vuoto ed insicurezza. Quindi, anche mentre stai fumando, ti senti più nervoso e meno rilassato di un non-fumatore.

28 Aprile

Ti aspetteresti che i fumatori capissero la dinamica ma, come accade con tutte le tossicodipendenze, più la droga ti trascina in basso e maggiore è l'illusione che ti stia aiutando. Un alcolista disse ad un amico: "Se tu avessi i miei problemi, berresti quanto me". E l'amico rispose: "Se bevessi come te, avrei i tuoi problemi!".

29 Aprile

Le caratteristiche di tutte le tossicodipendenze sono tali da far sì che chi non fuma, non beve e non fa uso di cocaina o eroina riesca a vedere chiaramente che non solo le droghe non offrono alcun beneficio ma che sono le principali cause dei problemi che i tossicodipendenti cercano di risolvere facendo uso di queste sostanze. E, come accade con tutte le droghe, più ti distruggono la vita e ti trascinano in basso, più aumenta la tua dipendenza dal loro supporto illusorio.

30 Aprile

Il mito che fumare offra dei vantaggi al fumatore è una voce importante nel canone del folklore del tabagismo, ma è un nonnulla se confrontato alla convinzione che smettere di fumare sia difficile. Non nego che la maggior parte dei fumatori trovi non solo difficile ma impossibile farlo, ma non deve essere necessariamente così.

1 Maggio

Non c'è mese migliore di Maggio per scoprire perchè i fumatori trovino difficile smettere con altri metodi! Meglio ancora - per scoprire quanto facile e piacevole sia il fuggire, con l'aiuto di questo metodo, dalla trappola della nicotina. Prima di continuare, però, dobbiamo ricapitolare un po' le cose.

2 Maggio

Se hai mantenuto un atteggiamento mentale aperto e hai capito tutto quel che ho detto sin'ora, avrai compreso che non solo il fumo non offre alcun vantaggio ma che anzi il "piccolo mostro" crea la sensazione di vuoto e di insicurezza. Fumare non aiuta la concentrazione ma anzi, come accade con tutti i fastidi - per es. un rumore continuo e sgradevole -, non si riesce a concentrarsi fino a quando non lo si abbia eliminato.

3 Maggio

Torni a casa dal lavoro e sei sudato, sporco, assetato, affamato e stanco. Ti fai una doccia, cambi i vestiti, bevi qualcosa, ceni e ti rilassi sdraiato sul divano mentre leggi o guardi la TV. Se sei un tossicodipendente da nicotina, non ti sentirai completamente soddisfatto sino a quando non ti sarai acceso una sigaretta ed avrai sfamato il "piccolo mostro". Solo allora ti sentirai totalmente rilassato.

4 Maggio

Ma tutto quel che hai realmente fatto è eliminare una serie di fastidi che ti impedivano di sentirti completamente rilassato. La doccia ed il cambio di abiti toglie la sensazione di sudore e sporco, la bevanda soddisfa la sete ed il cibo la fame. Non è ovvio? Aspirare fumi velenosi nei polmoni non può certo rilassarti. Lo fai solo per acquietare quel senso di vuoto e insicurezza generato dal desiderare una sigaretta.

5 Maggio

Mettitelo bene in mente che ogni sigaretta, lungi dal soddisfare quella sensazione di vuoto e insicurezza, ne è la causa. Questo è il motivo per cui le tossicodipendenze causano delle reazioni a catena. Amo il sapore delle aragoste ma non ho mai raggiunto il punto di venir assalito dal panico se non ho 20 aragoste appese al collo. A dire il vero, non mi importerebbe nulla se non potessi più mangiare un'altra aragosta in tutta la mia vita. Detestavo il gusto delle sigarette, ma il solo pensiero di esserne privo mi causava un senso di panico terribile.

6 Maggio

Scoprire che fumare non ti offre alcun piacere o vantaggio dovrebbe arrivarti come una splendida notizia, che però ti sarà di ben poco conforto se hai già sperimentato il disagio e la depressione che solitamente accompagnano i metodi della "forza di volontà". Potresti addirittura provare la tentazione d'abbandonare il tuo tentativo.

7 Maggio

Per favore, non cascare nella trappola. L'aspetto più ingegnoso delle tossicodipendenze è che la paura di restarne senza è proporzionale alla distruzione e all'abbattimento mentale che provocano. Perché pensi che smettere di fumare sia il buon proposito più gettonato per il Nuovo Anno? Se veramente vuoi fare qualcosa non la procrastini continuamente, ma proprio questo è ciò che fanno i fumatori che si sono ripromessi di smettere. Non riuscendo a farlo oggi, giurano a se stessi ed agli altri che lo faranno domani – anche se, molto probabilmente, questa promessa viene rinnovata da anni.

8 Maggio

Lascia che ti rassicuri sul fatto che non hai assolutamente alcunché da perdere. Se solo potessi mostrare ai fumatori quanto splendidamente bene si sentiranno anche solo tre settimane dopo aver spento la loro ultima sigaretta! E non mi riferisco solo alla salute e all'energia, ma anche all'autostima e alla libertà. Sfortunatamente non posso farlo. Ma tu puoi! Semplicemente usa il tuo buon senso e la tua immaginazione.

9 Maggio

Ora passiamo a spiegare perché i fumatori trovino così difficile smettere con i metodi della forza di volontà. Sin da bambini siamo stati indotti a credere che fumare realmente porti molti magici vantaggi. Una volta caduti nella trappola, la dipendenza sembra confermare le illusioni scaturite dal lavaggio del cervello.

10 Maggio

Allo stesso tempo, man mano che il nostro consumo giornaliero aumenta e gli effetti cumulativi del fumare danneggiano viepiù la nostra salute e le nostre finanze, iniziamo ad accorgerci che anche noi siamo cascati nella gabbia e che è tempo di uscirne. Ma la trappola è strutturata in modo tale da far continuamente posporre il terribile giorno.

11 Maggio

Inoltre, è pressoché impossibile ignorare i "lamentoni" che hanno smesso: quegli ex-fumatori che descrivono in modo vivido e dettagliato i mesi e mesi di tortura che hanno dovuto sopportare e, pur non fumando da anni, continuamente ti ricordano quanto a loro piacesse farlo e che darebbero qualunque cosa per una sigaretta.

12 Maggio

Sono proprio questi "lamentoni" che sembrano confermare il concetto : "Una volta fumatori, per sempre fumatori!". Esattamente come alcune persone provano a dividere il mondo tra bianchi e neri, tra Protestanti e Cattolici, tra ricchi e poveri, e così via, un tempo io dividevo il mondo tra fumatori e non-fumatori. Questi ultimi erano insulsi, persone opache così spaventate dalla vita che avrebbero preferito vivere in un contenitore di plastica sterilizzato.

13 Maggio

Fu solo dopo che fuggii definitivamente dalla prigione del fumo che mi accorsi che la maggior parte dei miei amici erano ex-fumatori e che parecchi non avevano mai fumato. Tale è la paura e la distorsione della percezione causata dalla tossicodipendenza.

14 Maggio

Ragion per cui, quando finalmente raccogliamo coraggio a sufficienza da fare un serio tentativo di smettere, siamo convinti che sarà difficile e che dovremo usare un'immensa forza di volontà. Siamo anche stati indotti a credere che dovremo affrontare un periodo, di lunghezza indeterminata, contraddistinto da un senso di perdita e di tristezza durante il quale continueremo a desiderare le sigarette senza però essere in grado di soddisfare la bramosia.

15 Maggio

Ma soprattutto siamo convinti che stiamo "rinunciando" ad un vero supporto e/o piacere! La parola "rinuncia" non dà forse il senso del "sacrificio"? Per esempio, non si rinuncia ad un'influenza o ad un'altra malattia ma guariamo da una malattia. Noi non "rinunciamo" ad una tossicodipendenza – ce ne liberiamo!

16 Maggio

Non c'è quindi da stupirsi che, con i metodi della forza di volontà, noi si parta con un sentimento di tragedia e disgrazia e aspettandoci di fallire. Ciononostante, sappiamo che non avevamo bisogno di fumare prima di cascare nella trappola. Sappiamo anche che fumare sta gravando enormemente sulla nostra salute e le nostre finanze. Soltanto fumatori totalmente insensibili ed egoisti possono ignorare la costernazione che causano ai loro famigliari.

17 Maggio

Iniziamo quindi con determinazione, consapevoli che fumare è un'attività folle. Nella nostra mente abbiamo un chiaro elenco dei motivi per cui staremo meglio da non fumatori e sono tutti assolutamente logici. Ma poi, accade qualcosa di completamente illogico: il "piccolo mostro" non è stato sfamato. Riconosciamo la sensazione semplicemente come: "Voglio una sigaretta" e, poiché siamo convinti di avere fatto un sacrificio, iniziamo a desiderarne una.

18 Maggio

Ma non ce la concediamo. Siamo sicuri che una sigaretta soddisferebbe il desiderio, ragion per cui iniziamo a sentirci privati di qualcosa e tristi. Cosa fanno solitamente i fumatori quando si sentono privati di qualcosa e tristi? Esatto; si accendono una sigaretta. Ma ora non ci concediamo di fumare e quindi ci sentiamo ancor più depressi. La situazione si trasforma in un gatto che si morde la coda: più ci sentiamo tristi più aumenta il desiderio di porre fine alla depressione. Prima o poi la forza di volontà finisce e ci accendiamo una sigaretta.

19 Maggio

Io ero solito battere la testa contro il muro nella speranza che mia moglie, o uno dei miei figli, arrivasse a dire: "Non sopporto di vederti così! Per favore, accenditi una sigaretta". Era l'appiglio che avevo atteso. Non stavo soffrendo fisicamente ma volevo arrendermi. Speravo di potermi scusare non adducendo la mia debolezza di carattere ma il desiderio di evitare di irritare i miei famigliari.

20 Maggio

Da questo nasce l'illusione che i fumatori, quando provano a smettere di fumare, soffrano di terribili sintomi fisici d'astinenza da nicotina. Non sto sminuendo il malessere che si prova in quei momenti ma ha origini mentali non fisiche. Uno dei grandi vantaggi di Easyway è che elimina l'angoscia prima di spegnere l'ultima sigaretta.

21 Maggio

La maggior parte dei tentativi fatti con i metodi della "forza di volontà" finisce con un compromesso del tipo: "Non riesco a stare completamente senza sigarette, quindi ne avrò cinque al giorno" oppure "Fumerò solo nelle occasioni speciali". Fumare meno sembra una cosa logica da farsi ma ora ti spiegherò perché non può funzionare.

22 Maggio

Dato che quando iniziamo a fumare, pur facendolo sporadicamente, ci sentiamo comunque soddisfatti di essere fumatori occasionali, col passare del tempo crediamo di avere semplicemente preso "l'abitudine" di fumare troppo. Siamo convinti che, se riuscissimo ad invertire il processo disciplinandoci a fumarne solo cinque al giorno, prenderemmo in poco tempo l'abitudine di volerne o necessitarne solo cinque al giorno. Sembra un ragionamento logico ma non funziona.

23 Maggio

Infatti, non fumiamo per abitudine ma per sfamare il "piccolo mostro". Come accade per tutte le tossicodipendenze, man mano che il nostro corpo si assuefa ed inizia a tollerare la sostanza, il desiderio di fumare non diminuisce con il passare del tempo bensì aumenta. Immagina il "piccolo mostro" come un leggerissimo prurito: la normale tendenza è quella di grattarlo.

24 Maggio

Se chiedi ad un fumatore "Hai bisogno di una sigaretta?" spesso risponderà "Non ne ho bisogno ma vorrei/mi piacerebbe averne una". Ai suoi occhi la distinzione è fondamentale. "Bisogno" denota una dipendenza, "Volere/mi piacerebbe" indica una situazione che è sotto controllo. In realtà aver bisogno e volere sono la stessa cosa. Se tu avessi un prurito, sentiresti il bisogno di grattarlo e questo bisogno ti porterebbe a volerti grattare.

25 Maggio

Ti sarai chiesto come mai alcuni fumatori sembrino felici di fumare solo cinque sigarette al giorno mentre altri (come me quando fumavo) hanno bisogno di fumarne una dopo l'altra. La cosa mi ha sempre incuriosito. In realtà, la risposta è semplice e viene dal continuo tiro alla fune che tormenta la mente di tutti i fumatori. Metà del nostro cervello ci dice: "Questa schifosa abitudine mi sta ammazzando e mi costa una fortuna", mentre l'altra metà ci ripete "Ma ho bisogno di una sigaretta!".

26 Maggio

Alcune persone non possono permettersi di fumare quanto vorrebbero. Altre si limitano perché i loro polmoni letteralmente non riescono a sopportare il veleno, o sono terrorizzate dall'idea che verrà loro un cancro o un enfisema o una malattia cardiaca se fumassero troppo. Il fatto che, dopo i festeggiamenti dell'ultimo dell'anno, anche i fumatori occasionali si sveglino con la gola arsa come il letto di un fiume in secca non è forse uno dei motivi per cui smettere di fumare è uno dei buoni propositi più in voga per il Nuovo Anno?

27 Maggio

Tutti i fumatori accaniti invidiano i fumatori occasionali. Ai nostri seminari, quando un fumatore dichiara di fumarne solo due al giorno oppure di fumare solo durante le occasioni sociali, gli altri fumatori lo guardano sbalorditi. Senza fallo, uno di loro di solito esclama "Ma perché diamine vuoi smettere? Il mio sogno è quello di fumare solo due sigarette al giorno!".

28 Maggio

Se hai seguito le mie istruzioni ed hai aperto la tua mente e studiato non solo come tu fumi ma anche gli altri fumatori, avrai incominciato ad accorgerti che non ci sono fumatori felici.

29 Maggio

È comprensibile che un fumatore accanito come ero io scoraggi i propri figli dal fumare. Ma perché gli, apparentemente, felici fumatori occasionali non incoraggiano i propri figli e nipoti a condividere con loro l'immenso piacere di fumare? Dopotutto, i rischi e i costi legati ad un paio di sigarette al giorno sono trascurabili. E, oltretutto, perché quegli stessi fumatori partecipano ai nostri seminari?

30 Maggio

Un altro fatto importante che devi inculcarti nella mente è che tutti i fumatori mentono. Possiamo essere persone oneste, corretti cittadini per altri aspetti ma riguardo al fumo dobbiamo mentire. Sappiamo che è un pericoloso, costoso e disgustoso passatempo. Intuiamo anche che siamo scivolati in una trappola dalla quale, però, non sappiamo come uscire.

31 Maggio

Se ogni volta che ti accendi una sigaretta fossi consapevole che stai saturando i tuoi polmoni con fumi disgustosi e sporchi, che questa sigaretta potrebbe essere quella che darà il via ad un carcinoma polmonare e che il fumatore medio da 20 sigarette al giorno spende intorno agli 80.000 euro nell'arco della sua vita, sei certo che avresti anche solo l'illusione che quella sigaretta ti piaccia? Ragion per cui chiudiamo la nostra mente davanti a tutto questo. E siccome ci sentiamo stupidi e deboli ad essere dei fumatori, per poter mantenere un minimo di autostima e di rispetto per noi stessi e per gli altri, inventiamo patetiche scuse per giustificare il nostro fumare. Scuse che però sono ovvie anche per un bimbo di quattro anni!

GIUGNO

1 Giugno

Allora perché i fumatori occasionali vogliono smettere? Osservali durante le occasioni sociali. Ti ripetono quanto sono fortunati a sentire il bisogno di fumare solo 5 sigarette al giorno ma molti di loro ne fumeranno una dopo l'altra come fanno i fumatori accaniti.

2 Giugno

Se fumare fosse veramente un tale piacere e sostegno, perché i fumatori si sentirebbero in dovere di farci sapere quanto poco fumano? Se improvvisamente ti dicessi: "Posso stare tutta una settimana senza mangiare piselli e la cosa non mi disturba affatto!" starei forse affermando che non ho alcun problema con i piselli? Se fosse vero, perché mai dovrei fare una simile affermazione?

3 Giugno

Quando i fumatori dicono: "Posso stare un'intera settimana senza fumare e la cosa non mi crea alcun problema" stanno cercando di convincere non solo te ma anche se stessi. Se la cosa non avesse alcuna rilevanza per loro, perché dovrebbero comunicartelo? Forse per sentirsi superiori? No, semplicemente sono preoccupati dal loro fumare e cercano di giustificarlo. Ed hanno eccellenti motivi per essere orgogliosi di se stessi: è un grande successo per un dipendente dalla nicotina riuscire a resistere un'intera settimana senza grattarsi!

4 Giugno

Tuttavia, se sono riusciti a stare un'intera settimana senza particolari problemi, perché accendersene una alla fine della settimana? Sto dicendo: o ti piace fumare o non ti piace. Se ami fumare la sigaretta ed il farlo non ti preoccupa perché mai dovresti privarti di un tale piacere per un'intera settimana? Una volta che inizi ad indagare più a fondo, le scuse dei fumatori occasionali sono altrettanto illogiche di quelle dei fumatori accaniti.

5 Giugno

Il fatto è che i fumatori occasionali sono ancor più nella trappola ed ancor più tristi dei fumatori accaniti. Difficile da credersi ma vero. L'unico piacere che i fumatori ottengono dal fumare è quello di grattarsi il prurito. Se sei nella posizione di accenderti una sigaretta ogni volta che ti accorgi di volerla o di averne bisogno, puoi immediatamente alleviare il prurito. L'effetto è uguale a quello di essere in grado di soddisfare immediatamente la fame.

6 Giugno

Ma supponiamo che tu sia affamato e che il delizioso profumino del tuo piatto preferito arrivi dalla cucina. Improvvisamente viene a mancare il gas ed il piatto non sarà pronto per parecchio tempo. Non senti un dolore fisico; il tuo stomaco potrebbe brontolare ma non è un dolore. Ciononostante, il periodo d'intervallo potrebbe venir definito una tortura. Ma quella pietanza non avrà forse un sapore doppiamente buono quando riuscirai finalmente a mangiare?

7 Giugno

Questo è quel che accade ai fumatori che, per qualsivoglia ragione, si disciplinano a non fumare quando il "piccolo mostro" reclama il suo pasto. Per lo meno, quando fumi ogni volta che lo desideri, anche se sei sotto il controllo del "piccolo mostro", l'effetto non è così terribile. Ma se non ti concedi la possibilità di grattarti il prurito quando ne senti il bisogno, passerai il resto della tua vita semplicemente aspettando la tua prossima dose.

8 Giugno

Più fumiamo, più il fumo danneggia la nostra salute e il nostro portafoglio e proporzionalmente aumenta il nostro desiderio di smettere. L'illusione del piacere, tanto menzionato dal fumatore, è creata dal tentativo di soddisfare il "piccolo mostro". Se ritardiamo nel grattarci il prurito, l'illusione aumenta. Quindi, riducendo la quantità delle sigarette che fumiamo, riduciamo anche il desiderio di smettere e aumentiamo l'illusione del piacere.

9 Giugno

Il suggerimento che i genitori danno ai figli di "Smettere fin che possono" ha ben poca efficacia. Questi ultimi sono ancora allo stadio in cui fumano poco. Sia sotto il profilo della salute sia quello finanziario il loro fumare non ha ancora creato problemi e sono convinti - come lo siamo stati tutti - che se il fumo iniziasse ad avere effetti negativi sulla loro salute, smetterebbero.

10 Giugno

Prima o poi, però, tutti i tossicodipendenti arrivano al "punto critico" cioè lo stadio in cui gli effetti cumulativi che il fumo ha sulla nostra salute e sulle nostre finanze è di gran lunga superiore agli illusori benefici che pensiamo di ottenere. Decidiamo, quindi, di ridurre la quantità. Ricorda, però, che la caratteristica delle droghe è quella di spingere ad un consumo sempre maggiore, non minore. Proprio nel momento in cui il tuo corpo e la tua mente necessitano di aumentare quanto fumi, un'altra parte ti dice: " No, fuma meno!". È una terribile dicotomia. Da questo punto in poi il fumatore è di cattivo umore sia quando gli è impedito fumare sia quando gli è concesso farlo.

11 Giugno

Puoi immaginare che importanza avrebbe il tuo pasto se mangiassi solo una volta al giorno? Riesci ad immaginare quanto più grande sarebbe l'illusione del piacere se ti concedessi di fumare una sola sigaretta al giorno? Se trovi la prospettiva ancora attraente ricorda che l'unico piacere che il fumatore ottiene dal fumare è quello di porre fine al desiderio.

12 Giugno

Questo è il motivo per cui i fumatori occasionali sono ancora più incatenati dei fumatori accaniti. Meno fumano, meno mettono in pericolo la loro salute e le loro finanze e, concordemente, meno desiderano smettere. Più dura il desiderio, maggiore sarà l'illusione che il fumo offra un sostegno o dia un piacere, e meno vorranno smettere.

13 Giugno

Come ho detto, la caratteristica delle droghe è di tendere ad aumentare le dosi e non diminuirle. Per poter aver successo nel diminuire quanto fumi dovresti esercitare di continuo forza di volontà e disciplina per il resto della tua vita. Se non hai sufficiente forza di volontà per smettere, dove diavolo andrai a prendere la determinazione necessaria a controllare quanto fumi per il resto dei tuoi giorni?

14 Giugno

Per fortuna, con Easyway non hai bisogno della forza di volontà. Immaginiamo, comunque, che io possa fare in modo che tu abbia bisogno di una sola sigaretta al giorno. Saresti felice in una condizione del genere? Se ti facesse veramente piacere fumare una sigaretta, vorresti davvero aspettare un'intera giornata prima di riuscire a soddisfare quel desiderio? Se, d'altra parte, quella sigaretta non ti piacesse, perché mai dovresti volerla fumare?

15 Giugno

Spero che la nebbia stia iniziando ad alzarsi. Dopo aver vissuto una vita dominata dalla nicotina, l'idea di non poter mai più fumare un'altra sigaretta è piuttosto terrificante. Ma ti senti forse terrorizzato dalla prospettiva di non poterti mai fare una dose di eroina? O di non poter bere una bottiglia di alcool denaturato mentre vivi sotto i ponti? Ovviamente no. Ma questo è l'effetto che l'eroina e l'alcool hanno su chi ne è diventato dipendente.

16 Giugno

Le persone che vivono situazioni di abuso si comportano proprio allo stesso modo.
Magari odiano la persona che abusa di loro ma la paura di quel che non conoscono, del cambiamento, è talmente grande che impedisce loro di uscire dal rapporto. La paura crea dubbi, paralizza la nostra capacità di ragionare. Prima di diventare un fumatore non avevi questa paura; puoi quindi, giustamente, imputarla alla sigaretta. Quando torni ad essere un non-fumatore, questa paura se ne va. È la dipendenza fisica che fa scattare le convinzioni, o, meglio, il lavaggio del cervello riguardo al fumo.

17 Giugno

Qual è la differenza tra un fumatore ed un non-fumatore? Che uno fuma e l'altro no? No! Qui è dove sbagliano le persone che usano la forza di volontà: cercano di non fumare più. Qualcuno riesce e posso solo ammirare la sua forza di volontà.

18 Giugno

Tuttavia, lungi dall'invidiarli, riesco solo a compiangerli visto che non riesco ad immaginare nulla di peggiore che passare il resto della propria vita convinti che ci sia stato tolto un gran piacere e dovendo resistere alla tentazione. La vera differenza tra fumatori e non fumatori è che il non-fumatore ha altrettanto desiderio d'inalare fumi cancerogeni nei propri polmoni quanto ne ha di farsi una siringa di eroina!

19 Giugno

Se vedi una sigaretta come una sorta di piacere o sostegno, vedrai milioni di sigarette nella stessa luce. A quel punto avrai solo due scelte: passare il resto della tua esistenza nel vano tentativo di resistere alla tentazione o rimanere nella trappola della nicotina sino a quando diverrai solo un numero in una nuova statistica.

20 Giugno

Per fortuna esiste una terza scelta cioè rimuovere tutto il condizionamento mentale e vedere il fumo come lo vedevi prima di finire nella trappola. Così, quando spegnerai la tua ultima sigaretta, non sarà con una sensazione di paura, trepidazione o di perdita – non posso/devo avere mai più un'altra sigaretta – ma sarà, invece, con un sentimento di sollievo, conquista, eccitazione e gioia: "Non è meraviglioso? Sono finalmente fuggito dalla trappola della nicotina! Non ho più bisogno di spendere i miei sudati guadagni per il solo privilegio di inalare quei fumi disgustosi nei miei polmoni!"

21 Giugno

Allora, cosa permette a Easyway di rendere lo smettere di fumare non solo facile ma anche piacevole?

Smettere é facile e piacevole! Easyway rimuove solamente le illusioni che lo rendono difficile.

Usando i metodi della "forza di volontà" spegniamo quella che, ci auguriamo, sarà la nostra ultima sigaretta e speriamo anche che, concesso che si abbia sufficiente forza di volontà, riusciremo a resistere per un tempo sufficiente da permettere al desiderio di scomparire.

22 Giugno

Ma perché dovrebbe scomparire? Se pensi che fumare aiuti a concentrarsi e a rilassarsi, che allevi la noia, lo stress e la tensione, perché dovresti smettere di crederlo semplicemente perché hai smesso di fumare e speri di non farlo mai più? Se sei convinto che per te sarà difficile smettere, probabilmente lo sarà! Se parti con una sensazione di disgrazia incipiente e tragedia, perché non dovrebbe continuare? In fondo, l'assenza rende il cuore ancora più desideroso!

23 Giugno

Se smetti usando la forza di volontà ti metterai in una situazione di autoimposto capriccio come un bambino a cui sia stata tolta la cioccolata e, più il bambino sarà determinato, più vorrà la cioccolata.

24 Giugno

Potresti controbattere che ti sentirai bene in breve tempo, che avrai più soldi e più energia. Vero. Tutto questo, però, non farà altro che eliminare i motivi che ti avevano indotto a smettere.

Se sei ancora convinto che la sigaretta migliori un pasto o allevi lo stress, sarai vulnerabile al pensiero: "Di sicuro, una sigaretta ogni tanto non potrà nuocermi!"

25 Giugno

Prima o poi ti sentirai sicuro a sufficienza da provarne una, solo per vedere che sapore ha, ed il sapore varierà dallo strano al disgustoso, proprio come le prime sigarette. Penserai: "Come diamine ho fatto a farmi accalappiare da una cosa così schifosa?". Ti sentirai molto sicuro di te. Ma, qualche settimana dopo, magari sarai in compagnia di amici che fumano e per qualche strano motivo ti ritroverai a volere un'altra sigaretta. Penserai: "Che problema c'é? Ne ho fumata una tre settimane fa e non ci sono ricascato".

26 Giugno

Tu non l'hai ancora capito ma sei di nuovo in trappola. Sei ricascato nella stessa identica trappola dove finisti da ragazzo. La droga ti riacciufferà ed accadrà così lentamente e gradualmente che non te ne accorgerai neppure. In poco tempo tornerai a fumare quanto fumavi quando decidesti di smettere e tornerai ad accampare le stesse scuse per non smettere oggi ma domani!

27 Giugno

Molti ex-fumatori che scivolano nuovamente nella trappola sono stati felici ex-fumatori per molti anni. Forse tu sei uno di loro. Potrebbe esserti di una qualche consolazione sapere che non ho mai conosciuto una persona che non si penta di aver ripreso a fumare. E quando chiedo loro perché hanno ripreso, la risposta è invariabilmente: "Sono stato uno sciocco!". Non invidiare mai i fumatori: compatiscili.

28 Giugno

Il punto è che se credi che ci sia un vero piacere o supporto nel fumare, resterai vulnerabile per il resto della tua vita. È difficile convincere una persona nervosa che il fumo non allevia ma causa tensione. Se fumare alleviasse realmente il nervosismo i fumatori sarebbero più rilassati dei non fumatori.

29 Giugno

Riassumiamo i metodi della "forza di volontà": con una sensazione di disgrazia e tragedia, spegniamo quella che speriamo sia la nostra ultima sigaretta, auspicando, inoltre, che se avremo abbastanza forza di volontà per sopportare la depressione a sufficienza, ci sveglieremo una mattina esclamando: "Fantastico! Ce l'ho fatta!".

30 Giugno

È insensato dirsi un giorno: "Non voglio più fumare" e poi passare i giorni successivi o addirittura il resto della propria vita pensando: "Come vorrei una sigaretta". Non sto dicendo che i fumatori siano stupidi, ma l'ingegnosità della trappola ci fa comportare in modi assurdi.

Nel frattempo, congratulazioni. Adesso, sei a metà del corso. D'ora in poi non ha più bisogno di sentirti sciocco o di comportarti in modo assurdo.

1 Luglio

LUGLIO

Quando fai un tentativo di "abbandonare" il fumo usando i metodi della "forza di volontà" la tua conoscenza della trappola della nicotina non è migliore di quella che avevi prima di fare il tentativo.

2 Luglio

Questo potrebbe creare molta confusione. Hai messo a punto nella tua mente una lista di tutti i serissimi motivi a sfavore dell'essere un fumatore. Probabilmente ti sei anche chiesto dove sia il piacere nell'aspirare fumo disgustoso nei tuoi polmoni e, non appena hai spento la tua ultima sigaretta, si è presentata quella sensazione di: "Voglio/ho bisogno di una sigaretta". Poiché non sei consapevole dell'esistenza del "piccolo mostro" e sai invece che la sgradevole sensazione verrebbe alleviata dalla sigaretta, inizi a bramarne una.

3 Luglio

Ma perché mai si dovrebbe bramare una sigaretta se non se ne ottenesse un vero piacere o supporto? Sì, perché mai? Quindi, lungi dall'eliminare l'illusione che fumare allevi lo stress e favorisca il rilassamento, il tentativo di smettere con la "forza di volontà" rafforza semplicemente queste convinzioni.

4 Luglio

Se il tuo lavoro necessita concentrazione, troverai impossibile ottenerla se parte del tuo cervello vuole una sigaretta e l'altra ti vieta di averla, soprattutto se sei convinto che fumare aiuti a concentrarsi. I tentativi di smettere con la "forza di volontà" rinsaldano, quindi, l'illusione che il fumo aiuti la concentrazione.

5 Luglio

La convinzione di non essere in grado di funzionare o concentrarmi senza la sigaretta era una delle principali ragioni dei miei fallimenti con i metodi della "forza di volontà". Anche dopo aver capito sia la trappola della nicotina sia il fatto che il fumo non aiuta la concentrazione ma l'ostacola, fu solo quando il mio collega Robin Hayley collocò questo concetto nella giusta prospettiva che compresi appieno la mia stupidità.

6 Luglio

Robin disse: "Allen, immagina di dover andare ad un colloquio di lavoro e che ti venga detto 'Il lavoro che offriamo richiede una grande concentrazione. Quindi, anche se lei non fuma, le chiederemo di fumare; ovviamente solo nei periodi di grande concentrazione, si capisce!' Il concetto é totalmente assurdo e ridicolo".

7 Luglio

Oggi io detesto andare dal dentista e sottopormi a visite mediche e faccio fatica a ricordare che, un tempo, mi piacevano i controlli medici a scuola. All'epoca, ero fanatico dell'allenamento e del tenermi in forma. Pensavo: "Cerca quanto vuoi ma non troverai alcunché di sbagliato nel mio fisico". Potresti attribuire quel mio atteggiamento alla convinzione dei giovani di essere indistruttibili. E proprio questo è il punto: mi sentivo indistruttibile.

8 Luglio

Può essere pura coincidenza che la mia sensazione di indistruttibilità finì nel momento in cui piombai nella trappola della nicotina? Immagina che sia lunedì mattina e che il tuo medico ti abbia prenotato una visita all'ospedale poiché soffri di un dolore al petto. Che tu sia un fumatore o non lo sia ti sveglieresti con un senso di apprensione. Se tu fossi un fumatore quella sensazione verrebbe aumentata da due fattori. Il primo è che non hai seguito i consigli e quel dolore potrebbe essere l'innominabile C. Il secondo è conseguenza del fatto che sei stato otto ore senza nicotina e il "piccolo mostro" reclama il suo pasto!

9 Luglio

Quando il fumatore si sente teso o stressato, tende ad avere una sigaretta e, una volta accesala, si sente meno nervoso di prima. Questo fatto rafforza l'illusione che fumare allevi lo stress. Ma, dopo essertela accesa, ti avvieresti ridendo e scherzando verso l'ospedale non vedendo l'ora di farti visitare!? Ovviamente no. Anche mentre la stai fumando, saresti più stressato di un non-fumatore, e giustamente.

10 Luglio

Ricorda, inoltre, che mentre sei all'ospedale non puoi fumare e ti ritroveresti a soffrire quella sensazione di vuoto ed insicurezza provocata dal "piccolo mostro". Sembra che i fumatori non si accorgano mai del fatto che in parecchi dei loro momenti più stressanti, come una visita medica o dentistica, non è loro concesso alleviare i sintomi d'astinenza.

11 Luglio

Poiché i fumatori sono incapaci di distinguere la sensazione di vuoto ed insicurezza causata dal "piccolo mostro" dalla fame per cibo o dal senso di insicurezza causato dal normale stress, anche quando il "piccolo mostro" è morto da tempo, gli ex-fumatori continuano ad interpretare la normale fame o il vero stress come il volere una sigaretta. Questo evidenzia un'ulteriore ragione del perché sia praticamente impossibile smettere con i metodi della "forza di volontà".

12 Luglio

Come fai a sapere quando sei riuscito a smettere di fumare? Se decidi che il tuo fine è smettere per un anno, ovviamente non potrai dire di essere riuscito nel tuo intento sino a quando ti sarai astenuto dal farlo per un intero anno.

13 Luglio

Non ne segue, allora, che, se ti riproponi di smettere per sempre, non potrai essere certo di aver avuto successo sino a quando arriverai al tuo ultimo giorno di vita? Ed anche allora non saresti consapevole del tuo successo né ti darebbe alcun piacere perché, una volta morto, nessuno ti telefonerebbe sul cellulare per dire: "Congratulazioni! Sei riuscito a fuggire dalla trappola della nicotina!"

14 Luglio

Quindi, ripeto la mia domanda. Come fa il fumatore che ha smesso con i metodi della "forza di volontà" a sapere che è riuscito a fuggire dalla trappola? Credo non lo sappia mai. Non nego che milioni di fumatori, dopo aver sofferto il trauma causato da questi metodi, non abbiano più fumato. Ma milioni di altri, altrettanto convinti, ci sono ricascati.

15 Luglio

Considera la mia domanda: quando sarai certo di esserci riuscito? Alcuni cosiddetti esperti asseriscono che accada dopo che ti sarai astenuto dal fumare per un anno. Ma cosa può essere meno scientifico che stabilire a caso un periodo senza supportare la scelta con motivazioni logiche? Soprattutto quando consideri che, a volte, vengono ai nostri Centri persone che non fumano da 10 anni ma stanno ancora combattendo con la tentazione di farlo.

16 Luglio

Potrai avere la certezza di esserci riuscito solamente quando sarai in grado di divertirti ad una festa o lavorare al computer senza bramare una sigaretta? Ma come potrai esser certo che non ne desidererai una la settimana, il mese o l'anno successivo? Quel che sto dicendo è che quando superi una prova in positivo, per esempio passare l'esame di guida, saprai che ci sei riuscito e potrai celebrare il tuo successo.

17 Luglio

Ma se la prova è in negativo come il non fumare più, come puoi essere certo di esserci riuscito? Non trascorreresti forse il resto della tua vita aspettando di vedere se fumerai di nuovo? O più semplicemente: trascorreresti la tua vita aspettando che nulla accada.

18 Luglio

Forse credi che sarà la stessa cosa con Easyway. Ti prometto che, se assumerai un atteggiamento mentale aperto e seguirai le istruzioni, non sarà così. Easyway è l'esatto opposto. Invece di spegnere quella che si spera sia la nostra ultima sigaretta, costringendoci poi ad un periodo di testarde voglie improvvise, rimuoviamo prima il condizionamento mentale spiegando chiaramente il funzionamento della truffa.

19 Luglio

Anche persone intelligenti possono farsi truffare ma, una volta che si è capito l'inganno, neanche uno sciocco continuerebbe a farsi raggirare. Una volta che avrai capito che non c'è nulla a cui si rinuncia smettendo di fumare e che lungi dal rilassarti, dal farti sentire più sicuro, dall'alleviare lo stress e la noia, dall'aiutarti a concentrati, il fumo fa l'esatto contrario, non avrai più alcun desiderio di accenderti una sigaretta, esattamente come non hai desiderio di iniettarti dell'eroina.

20 Luglio

Con Easyway il primo passo è quello di togliere il lavaggio del cervello. Quando arriverai a fumare quella tua ultima sigaretta, saprai che non stai rinunciando ad alcunché e che, anzi, stai sfuggendo dalla malattia che uccide più persone nel mondo occidentale. Quindi non ci sarà una sensazione di tragedia e tristi presagi ma, al contrario, un senso di esultanza e sollievo all'idea di non aver più bisogno di vivere nell'incubo di spendere una fortuna per distruggere la tua salute, solo perché sei schiavo di questa insidiosa droga.

21 Luglio

Permettimi di essere perfettamente chiaro: la nicotina è la droga più potente che si conosca. Perché mai, altrimenti, ci sarebbe stato un momento nella storia del mondo occidentale in cui il 90% della popolazione adulta maschile fumava? Devi guardare al di là della droga in se stessa per trovare la risposta a questa domanda.

22 Luglio

Con tutte le droghe, siano esse la cocaina, l'eroina, l'alcool o la nicotina, quel che rende dipendenti non è l'aspetto chimico della sostanza ma la convinzione di ottenerne un vero vantaggio o, più specificatamente, che senza di essa non si sia in grado di godersi la vita o di affrontarla. L'effetto chimico crea l'illusione, ma come accade per ogni truffa, una volta che la si è capita, cessa di essere un'insidia.

23 Luglio

I tossicodipendenti da eroina riescono a sopportare le vessazioni inflitte loro dalle dosi giornaliere per 10/15 anni prima che il loro corpo inizi a crollare, periodo che, per un fumatore, può essere 40/50 anni prima della rovina. Il processo è così lento che a stento ce ne si accorge.

24 Luglio

Alcuni fumatori vengono assaliti dal panico quando dico loro che fumare non è un'abitudine ma una tossicodipendenza da nicotina. Pensano: "Se le abitudini sono ardue da perdere, quanto più difficile sarà visto che sono dipendente dalla droga più potente che si conosca?". Non posso sottolinearlo a sufficienza: non solo sarà facile ma anche piacevole smettere se seguirai le istruzioni.

25 Luglio

Un'altra grande difficoltà con i metodi della "forza di volontà" viene dal vuoto che smettere tende a creare nella nostra vita, quando accompagnato dal senso di rinuncia. Siamo stati condizionati a credere non solo che la sigaretta offra benefici contraddittori ma anche che non possiamo né goderci né affrontare la vita senza un aiuto.

26 Luglio

Per le altre creature del pianeta, il parto è un'attività completamente naturale. Nel mondo occidentale, però, non solo la nascita avviene in ospedale ma entrambi, madre e figlio/a, sono sottoposti a mesi di controlli che precedono e seguono il lieto evento.

27 Luglio

Non sto criticando questo sistema ma semplicemente evidenziando che esso crea l'impressione che, sia la madre che il figlio/a, siano creature deboli e vulnerabili. Il fatto che la prassi spesso comporti la somministrazione di medicine, diete, vitamine e integratori alimentari serve semplicemente ad enfatizzare tale impressione.

28 Luglio

Mentre una giraffa, per esempio, può stare eretta, camminare e correre appena poche ore dopo la nascita, un bambino impiega circa sei mesi a farlo. Verrà poi superprotetto, coccolato e viziato per i suoi primi anni di vita. Il più piccolo colpo di tosse o la più minuta eruzione cutanea darà luogo ad una visita dal medico con conseguenti pastiglie, unguenti o la somministrazione di altri medicamenti. Il bambino, inoltre, verrà vaccinato contro alcune malattie che, molto probabilmente, non avrebbe mai comunque contratto.

29 Luglio

Vorrei sottolineare che non sto demolendo il sistema né tantomeno sto suggerendo di cambiarlo. Sto semplicemente indicando che la propensione al "Mettiti la maglietta altrimenti prenderai la polmonite" non incoraggia certamente il nostro senso di indistruttibilità. Anche da adulti necessitiamo di una vasta gamma di cosmetici e prodotti che ci aiutino ad affrontare gli effetti naturali del vivere, come l'esporci al sole.

30 Luglio

Siamo stati condizionati mentalmente perché ci si senta gracili e smidollati in confronto ad animali selvaggi come l'elefante e la tigre. Non lo siamo! Il nostro corpo è costituito dalla stessa carne e ossa. Infatti, gli elefanti e le tigri sono, tragicamente, in via d'estinzione poiché, con il vantaggio della superiorità del nostro cervello, abbiamo colonizzato ogni angolo del pianeta.

31 Luglio

La razza umana è così forte ed ha così successo che la minaccia maggiore alla sopravvivenza del pianeta e di tutte le specie che lo abitano è la sovra-popolazione e l'inquinamento.
Una volta credevo che la mia sensazione di indistruttibilità fosse dovuta all'ignoranza giovanile. Ora la capisco meglio.

1 Agosto

Mio padre era un fumatore accanito. Quando avevo circa vent'anni rimasi colpito nel sentirgli dire che non aveva alcun desiderio di vivere sino a 50 anni. Quando ne ebbi io 48, con la mia costante tosse dovuta al fumo e i miei frequenti attacchi di asma e le continue bronchiti, sapevo non sarei arrivato a 50 anni a meno che non avessi smesso di fumare.

2 Agosto

Probabilmente stai pensando: "Non c'è da sorprendersi che abbia smesso! Lo farei anch'io se mai arrivassi a quel punto." Il fatto è che non smisi! Ero pronto a morire piuttosto che smettere di fumare.
Non che io volessi morire ma semplicemente pensavo: "Se questa è la qualità della mia vita con il mio sostegno e il mio piacere, varrebbe la pena di vivere senza?".

3 Agosto

Posso solo supporre che mio padre fosse arrivato alla mia stessa conclusione. Fu sfortunato, anche se sopravvisse per qualche anno dopo i suoi 50. Io sono stato molto, molto fortunato: ho scoperto Easyway. Chi non è dipendente riesce a vedere chiaramente che il tossicodipendente non ottiene alcun beneficio o supporto dal fumare e che, anzi, è la droga la causa primaria dei problemi che lo portano a farne uso. Molti degli aspetti che ti sto illustrando ora non mi furono chiari sino a quando non fuggii dalla prigione della nicotina.

4 Agosto

Ricordo che da bambino avevo una gran paura di morire; non tanto del processo di morire ma dell'essere morto. Questo era perché la vita mi piaceva ...da morire! Il vero motivo per cui ero pronto a morire piuttosto che smettere di fumare era dovuto al fatto che avevo perso la gioia di vivere.

5 Agosto

Un altro aspetto insidioso, comune alle tossicodipendenze, è che il processo di deterioramento è così graduale che passa inosservato. È simile all'invecchiare: il volto che osserviamo allo specchio ogni mattina appare identico a quello del giorno precedente. È solo quando esaminiamo una foto presa anni addietro che l'invecchiamento si evidenzia. Anche allora, però, abbiamo la propensione ad indorare la pillola dicendo: "Com'ero giovane!" invece di "Come sono vecchio!".

6 Agosto

Avevo sentito parlare di altri fumatori che, svegliatisi una mattina, per qualche inspiegabile miracolo non avevano più sentito la voglia di fumare. Credevo che, se la stessa cosa fosse successa a me, il maggior beneficio che ne avrei ottenuto sarebbe stato per la mia salute.

7 Agosto

Magari tu stesso hai sperato che qualcosa del genere accadesse anche a te. Se così fosse, non sprecare il tuo tempo. Ti ho già avvisato che tutti i tossicodipendenti sono bugiardi. Ho indagato su queste storie e ti assicuro che c'è sempre un retroscena.

8 Agosto

Spesso il fumatore si è impaurito per la propria salute o ha visitato un amico in ospedale che stava morendo di cancro ai polmoni. L'esperienza lo ha spaventato e gli ha fatto aprire gli occhi facendogli pensare: "Potrei essere io in quel letto!" È meglio dire una frase del tipo: "Ho deciso di smettere; sono fatto così. Una volta che decido di fare qualcosa la faccio" piuttosto che "Ho smesso perché mi sono spaventato a morte".

9 Agosto

Magari ti stai chiedendo se questo è quel che è accaduto a me. No. Ero pronto a morire, non per coraggio ma semplicemente perché ritenevo che per me fosse impossibile smettere. Quel che mi successe mi sembrò un miracolo ma, lungi dall'essere inspiegabile, capii esattamente perchè non avrei mai più fumato.

10 Agosto

Inaspettatamente, nella lista dei vantaggi derivati dallo smettere di fumare, i benefici per la salute non solo non furono al primo posto ma non si classificarono neppure tra i primi. È vero che la continua tosse da fumatore se ne andò in poco tempo e che gli attacchi di asma e le bronchiti scomparvero completamente. Ma il maggior problema non erano gli attacchi di per sé – riuscivo a sopportarli – bensì l'imbarazzo che mi causavano davanti ai non-fumatori. La maggior parte di loro era troppo cortese per commentare, ma ovviamente pensava: "Guarda che razza di imbecille!".

11 Agosto

È tale la paura di restare senza il nostro piccolo amico, la nostra stampella, che escludiamo dalla mente la totale schiavitù nella quale dobbiamo vivere da fumatori. Ricordo che da bambino mi raccontarono la storia di un pover'uomo che aveva, seduto sulle sue spalle, un genio le cui gambe lo stavano soffocando e che comandava la sua vita. La sudditanza dalla nicotina non è forse molto simile a questa situazione?

12 Agosto

Non riusciamo a goderci una cena senza le sigarette. Non possiamo rispondere al telefono o lavorare al computer senza una sigaretta. Il pensiero di andare in vacanza e non essere in grado di trovare la nostra marca preferita ci angoscia! Quella sensazione di panico quando ce ne rimangono poche. La prossima persona che incontreremo sarà forse uno di quei beati rompiscatole di non-fumatori? Se mi accendo una sigaretta qui, si lamenterà qualcuno?

I non fumatori non hanno questi problemi. Non trovo le parole per dirvi quanto sia meraviglioso non doversi preoccupare se si possa o non si possa fumare - non avere la propria vita dominata da questa demoniaca pianta.

13 Agosto

Anche se riusciamo ad escludere dalla mente l'effetto che il fumo ha sulla nostra salute, sulle nostre finanze e sulla nostra autostima, intuiamo che siamo finiti in una trappola ed è come se una nube nera sempre più grande comparisse sopra la nostra vita. Non so spiegarvi la gioia e il sollievo di essermi liberato dal genio e dalla nube nera.

14 Agosto

Ero convinto che il fumo desse sicurezza e coraggio. Molti fumatori non riescono a fare una telefonata senza fumare. Io ero arrivato a non riuscire ad usare il telecomando della TV senza accendere una sigaretta! Cosa ci può essere di così stressante nel fare una telefonata o nel cambiare il canale televisivo? I non fumatori non hanno questo problema. Perché non riuscivo a vedere che la nicotina non mi dava coraggio e sicurezza ma me li stava distruggendo?

15 Agosto

Seconda nella classifica dei benefici dello smettere fu l'energia. È tristemente vero che diamo per scontato il godere di buona salute ed é solo quando la perdiamo per un incidente o perché ci ammaliamo che ci rendiamo conto di quanto sia splendido stare bene.

16 Agosto

Per anni non riuscii a distinguere la differenza tra il non essere ammalato e il sentirsi felice di essere al mondo. Questo era dovuto al fatto che, per buona parte della mia vita, non ero mai stato ammalato. Ma mi ero completamente dimenticato cosa significhi sentirsi in perfetta forma. Al mattino, ero abituato ad alzarmi a fatica e stentavo a sentirmi completamente sveglio; alla sera mi addormentavo davanti al televisore, ma imputavo tutto questo all'avanzare dell'età.

17 Agosto

Poco tempo dopo aver smesso di fumare iniziai a svegliarmi un'ora prima sentendomi ristorato come se avessi dormito molte più ore. Iniziai a riprovare una sensazione che era scomparsa da quando avevo poco più di vent'anni. Anche se pesavo dodici chili più del corretto peso per la mia altezza, ero pieno di energia! Per anni ero stato consapevole della mia necessità di fare esercizio; adesso avevo voglia di farlo e persi quei dodici chili in sei mesi.

18 Agosto

La fine della tosse, degli attacchi d'asma e delle bronchiti fu meravigliosa come lo fu la fine della schiavitù – il non avere la mia vita controllata da un demonio che odiavo. L'allontanare la nube nera che era andata ingigantendo fu ancora meglio, come lo fu il rimpiazzare il disprezzo di me stesso con l'autostima.

19 Agosto

Fu meraviglioso sentirsi nuovamente pieni di energia dopo così tanti anni trascorsi senza di essa e dopo aver creduto che l'energia è prerogativa della gioventù. Fu un bellissimo vantaggio che non mi sarei mai aspettato dallo smettere di fumare. Ma il beneficio più grande, che forse era il risultato della somma di tutti gli altri, fu il ritorno di una sensazione di cui non ricordavo l'esistenza: la pura gioia di vivere.

20 Agosto

Hai mai scritto all'autore di un libro che hai trovato interessante per ringraziarlo? Varie volte mi sono ripromesso di farlo, ma, come per molti altri buoni propositi, non l'ho mai portato a compimento. Questa é una domanda che faccio spesso a persone che mi capita di conoscere e non ho ancora incontrato una sola persona che mi dica di aver ringraziato l'autore.

21 Agosto

Easyway ha ricevuto molti elogi dai media, ma quelli che, a mio giudizio, sono i più importanti sono le migliaia e migliaia di lettere che ho ricevuto da grati ex-fumatori. Le frasi più ricorrenti di queste testimonianze sono: "Non riesco a credere quanto sia stato facile!" e "Grazie per avermi restituito la mia vita!".

22 Agosto

Ma cosa hanno voluto dire con la frase "Grazie per avermi restituito la mia vita!"? Una persona che non abbia mai fumato probabilmente la interpreterebbe come: "Grazie per aver eliminato il rischio di morire di cancro ai polmoni", mentre il suo vero significato è: "Grazie per avermi aiutato a fuggire dal controllo di questa pianta demoniaca, dal disprezzo di me stesso e a scoprire nuovamente la pura gioia di vivere".

23 Agosto

Fuggire dalla trappola della nicotina è paragonabile allo svegliarsi dall'incubo di un mondo monocromatico di depressione e tristezza per entrare in un mondo luminoso di salute e felicità. È splendido svegliarsi presto, pieni di energia. È difficile descrivere la gioia di destarsi, persino di lunedì mattina, senza ritrovarsi a pensare: "Che disgrazie mi accadranno oggi?" ma piuttosto "Fantastico! Un'altra eccitante giornata su questa terra!".

24 Agosto

Quando ci si sente fisicamente e mentalmente giù, anche dei piccoli cumuli di terra possono sembrare montagne insuperabili. Tutti noi conosciamo l'adagio: "Preferirei essere un pover'uomo in salute che un ricco ammalato". Ma quante volte ci ritroviamo preoccupati per qualcosa che, anche se accadesse, non sarebbe un grave problema?

25 Agosto

Quando ci si sente forti sia fisicamente sia mentalmente accade il contrario. Anche ciò che, in precedenza, sarebbe stato un vero problema smette di essere tale per diventare invece una sfida da affrontare e superare. Si dice che i tempi della scuola siano i migliori della vita, anche se troveresti difficile convincere un bambino che sia vero.

26 Agosto

L'ho senz'altro creduto una volta lasciata la scuola. La responsabilità di sposarsi, di metter su casa, di allevare quattro bambini, di trovare e mantenere un buon lavoro, pagare il mutuo per garantire un tetto sopra le nostre teste erano cose piuttosto pesanti. Lo erano a tal punto che ripenso a quegli anni come i più bui della mia vita.

27 Agosto

Perché considerare quel periodo così deprimente? Avevo una moglie attraente che mi amava, quattro bambini belli e sani, un lavoro sicuro e ben pagato e una villetta in una bella zona. In realtà, non riesco a ricordare un solo serio problema per un periodo di quasi trent'anni.

28 Agosto

Può essere una coincidenza il fatto che fosse anche il periodo in cui la mia vita era dominata dalla nicotina? Spensi la mia ultima sigaretta il 15 Luglio 1983. Avevo 48 anni. Ho ora superato i settant'anni.
Ero anche stato condizionato a pensare che la vecchiaia fosse il periodo più traumatico della vita. Può, di nuovo, essere coincidenza il fatto che gli ultimi vent'anni siano stati di gran lunga i più piacevoli della mia vita?

29 Agosto

Il ritorno della mia gioia di vivere è stato accompagnato dal ritorno della mia paura di morire? Non mi fraintendere, non ho nessun desiderio di morire, ma non mi soffermo a meditare sull'argomento come facevo da bambino. Sono troppo preso a gioire di quel dono prezioso che è la vita. Non so quanti anni ancora mi saranno concessi, ma so che cercherò di godermi al massimo ogni singolo giorno.

30 Agosto

Quando smette di fumare, il fumatore si ritrova a combattere con un senso di perdita. Questo fatto implica che i fumatori facciano effettivamente qualcosa che a loro piace e che, quindi, lo smettere di farlo comporti un senso di privazione. La verità è l'esatto contrario: il fumatore sacrifica la sua libertà e diventa schiavo quando si accende la prima sigaretta. Ne segue che perdere una schiavitù non può venir considerata una privazione ma una liberazione.

31 Agosto

La libertà è il traguardo più importante per chiunque. Per centinaia di anni l'uomo ha combattuto guerre per la libertà di culto. Persone con handicap lottano per ottenere accesso a luoghi di vita quotidiana per essere liberi di godersi pienamente l'esistenza. La libertà è preziosa e vale la pena di combattere per conquistarla.

Nessun fumatore ha mai immaginato che la sua dipendenza avrebbe strangolato la sua libertà. È ora tempo di reclamarla.

1 Settembre

Hai mai smesso di fumare per un certo periodo e poi ripreso a causa di un evento particolarmente difficile, come per esempio un lutto? Se la risposta è affermativa, sei stato sfortunato. Ma la vita è un'altalena e tende a presentarci continue sfide. Se, per ciascuna di queste, tu ricomincerai a fumare, resterai un fumatore per tutta la vita.

2 Settembre

Ti hanno mai insegnato a vivere o detto quanto forti possano essere le nostre emozioni? Non sarebbe bello se ci venissero insegnate tecniche per ridurre lo stress? Se questo avvenisse, forse il consumo di sigarette, alcool e altre droghe si ridurrebbe notevolmente. Riesci a ricordare quando da bambino, decidesti che volevi diventare qualcosa di speciale? Le tue speranze, i tuoi sogni e i tuoi desideri in un mondo dove tutto era possibile, la sfida della vita stessa, nei giorni buoni e in quelli cattivi. Potrebbero essere ricordi lontani, ma tu stavi vivendo pienamente la tua vita senza sigarette.

3 Settembre

L'ulteriore problema che si crea quando s'inizia nuovamente a fumare come conseguenza di un dispiacere è che, appena ti rendi conto di quel che hai fatto, incominci a sentirti in colpa, aumentando così la sofferenza per una situazione già difficile.

4 Settembre

Se vuoi smettere devi iniziare a vedere il fumo per quello che realmente è: una trappola che fa tutto il possibile per evitare che tu riesca a fuggire. È come un amante prepotente e subdolo. Uno che mente e t'inganna e poi ti supplica di non lasciarlo perché: "Hey, non sono fantastico e non ci siamo forse divertiti noi due? Saresti infelice da morire senza di me".

5 Settembre

Il fatto è che non lo saresti e devi iniziare a vedere le sigarette nella giusta luce. Non ti confortano, non sono l'amico del cuore né il tuo vero amante. Contengono una sostanza di cui sei dipendente. Sono un calice avvelenato. Devi accettare che questa è la verità se vuoi liberarti dal loro abbraccio mortale.

6 Settembre

Immagina come ti sentiresti se fossi appena stato dal medico che ti avesse diagnosticato una malattia difficile da curare, che potrebbe necessitare anni e diverse terapie prima di riuscire a guarirne, e che, comunque, resterebbe latente nel tuo corpo?

7 Settembre

Come ti sentiresti successivamente se ti venisse detto che i dottori si sbagliavano? La malattia che hai è perfettamente curabile e una volta guarito non può tornare, a meno che tu lo permetta infettandoti nuovamente. La cura è immediata. Saresti senz'altro felice e non vedresti l'ora di iniziare la terapia.

8 Settembre

La dipendenza dalla nicotina è una malattia! Non sto dicendo che può causare patologie come il cancro, l'arteriosclerosi, l'enfisema, la bronchite o l'angina. Intendo dire che sei stato convinto ad usare un potente veleno regolarmente, senza ricavarne alcun beneficio, sei ammalato. Anzi, la malattia di cui soffri è l'assassino n. 1 nel mondo occidentale.

9 Settembre

Magari dissenti da ciò che ho appena asserito. Se così fosse, chiediti se giudichi l'alcolismo come un piacere e/o un supporto oppure una malattia. Vedi forse gli eroinomani come persone che godono e hanno il controllo della loro "abitudine" o piuttosto come persone ammalate? Forse aiuterà a chiarirti la idee se ti dico che poche centinaia di persone muoiono ogni anno per eroina ma circa 2.000 persone muoiono ogni settimana per dipendenza da nicotina. Questo nella sola Italia. Nel mondo, le morti imputabili direttamente al fumo sono circa 7.000.000 all'anno.

10 Settembre

Hai sofferto di una malattia chiamata tabagismo. Ne hai sofferto per tutti gli anni in cui hai fumato per un motivo molto semplice: non sapevi come fare a smettere. Ora lo sai.

11 Settembre

La cura per questa malattia è in circolazione dal 1983 eppure sta richiedendo molto tempo per venir riconosciuta dalle autorità mediche, solo perché queste ultime continuano a pensare in modo tradizionale per quel che concerne l'aiutare i fumatori. Noi abbiamo visto ripetutamente che i loro metodi non funzionano mentre ai centri Allen Carr vediamo ripetutamente che il nostro metodo funziona.

12 Settembre

Non esiste un fumatore inveterato. Tutti noi abbiamo la capacità di cambiare il modo in cui pensiamo e ci comportiamo. Il trucco sta nel non togliere mai l'occhio dalla palla. Pensa all'argomento "sigarette" sempre con consapevolezza.

13 Settembre

Sappiamo che dobbiamo eseguire delle funzioni con consapevolezza ed, in seguito, le facciamo inconsapevolmente. Nella quotidianità del fumatore, fumare fa parte di questo andamento di consapevolezza/inconsapevolezza. Reagiamo rispondendo al nostro desiderio di una sigaretta ma non siamo mai completamente coscienti di ciascun tiro che facciamo. Se lo fossimo ci sentiremmo a disagio.

14 Settembre

Quando prendiamo coscienza del nostro fumare ci sentiamo imbarazzati, in special modo se siamo in compagnia di non-fumatori. Cerchiamo di espellere il fumo di lato per evitare di soffiarlo verso i nostri interlocutori. Che sorta di attività è quella che quando siamo consapevoli di svolgerla, ci imbarazza e, quando non possiamo farla, ci procura il panico.

15 Settembre

Le informazioni che abbiamo nella nostra mente sono spesso archiviate automaticamente. Molto di ciò che ci arriva non viene analizzato consapevolmente perché, nel momento in cui ci perviene, non ha alcuna rilevanza sulla nostra condotta quotidiana. Un bambino può assimilare il fatto che il babbo o la mamma sembrano più calmi dopo una sigaretta e, magari, aspetterà di chiedere qualcosa sino a quando non li vedrà fumare. Quel bimbo, molto probabilmente, arriverà alla conclusione che le sigarette rilassano.

16 Settembre

Sei mai partito per le vacanze subito dopo aver deciso che non avresti più fumato? Se si ha ancora la convinzione che ci piaccia fumare sarà un inferno. Gli altri fumano; tu li vedi felici, sorridenti, rilassati e che si stanno divertendo. Pensi: "Loro si divertono ma io cos'ho? C'è qualcosa che non va. Sono tutti felici mentre fumano. Non voglio tornare a fumare ma mi manca qualcosa." Ti sbagli; stai reagendo automaticamente. Cerca di analizzare la situazione; non sono felici perché fumano ma perché sono in vacanza. Verifica la cosa con i non-fumatori, se vuoi essere sicuro.

17 Settembre

Essere un fumatore è come muoversi nella vita incatenati ad una palla di piombo. Non riesci a sfuggire al suo peso terribile. A volte sei convinto che ti sia di grande aiuto. Una volta che avrai aperto gli occhi e vedrai la situazione nella sua realtà ti accorgerai che è la zavorra più pesante della tua vita.

18 Settembre

Quel che ti impedisce di vedere la sigaretta come la catena legata alla palla di piombo è la tua errata percezione dell'oggetto, percezione che ti viene dal lavaggio del cervello che hai subito da quando ti sei acceso la prima sigaretta. Una volta eliminato questo condizionamento mentale sarai in grado di goderti di più ogni aspetto della tua vita e saprai affrontare meglio le situazioni, comprese quelle stressanti, libero dalla catena.

19 Settembre

Non usare più la nicotina non ti deve spaventare; è una cosa ragionevole da fare. Non precipiterai nell'oblio ma risalirai alla superficie, fuori dalla trappola e tornerai a quello stato di equilibrio che una volta hai conosciuto. Easyway cambia la tua prospettiva sul fumo perché si basa su fatti, non finzioni.

È la chiave che spalancherà la porta della prigione che ora ti limita.

20 Settembre

Gli esperti di medicina ci dicono che al momento il 50% dei fumatori avrà una morte prematura a causa del fumo. Lasciami immediatamente confessare che non credo alla classe medica. Sto forse asserendo che il fumo non accorcia la vita? Ovviamente no. Quel che sto affermando è che abbrevia la vita di tutti i fumatori. Usa il tuo buon senso. Se non cambi mai l'olio o il filtro alla tua macchina, sei così sciocco da non capire che la durata del motore sarà più breve?

21 Settembre

Abbiamo veramente bisogno di esperti in medicina che stilino tabelle indicanti l'aspettativa di vita di un quarantenne che fuma un pacchetto al giorno? Gli attacchi di tosse, il senso di nausea e il gusto schifoso non rendono forse immediatamente evidente che, qualunque sia l'intelligenza che ci ha creati, intendeva che noi ostruissimo il nostro corpo con fumi cancerogeni tanto quanto i produttori d'auto intendono che noi si faccia il pieno della nostra auto non con la benzina ma con il diesel?

22 Settembre

Magari stai pensando che, adottando tattiche meschine, io stia tornando all'argomento usato dai medici: "Smetta perché si sta ammazzando." No, proprio no. Quel che sto dicendo fa parte del processo di apertura mentale. Ci preoccupiamo se l'olio nella nostra auto è sporco, eppure trattiamo il veicolo, dal quale dipende completamente la longevità e qualità della nostra vita, con meno rispetto di quel che avremmo per una vecchia carcassa d'auto.

23 Settembre

L'olio sporco si può cambiare. Il corpo umano ha la capacità di ripulirsi e lo fa quando è necessario. Le sue capacità di disintossicazione, però, sono 100 volte più efficienti quando non viene oberato da un veleno come la nicotina. Come un individuo risponde a questo breve periodo di convalescenza è strettamente personale e differisce da persona a persona. Alcuni si sentono immediatamente più energici, altri provano stanchezza per un certo periodo, oppure hanno difficoltà con il sonno, cosa che non significa insonnia ma eccesso di energia. Qualsiasi siano i sintomi, il corpo trova presto il suo equilibrio.

24 Settembre

Ci sono ora dei punti che devo chiarire. Ho promesso di spiegare come mai alcune sigarette paiono migliori di altre. Usiamo un esempio classico: quella dopo un pasto, soprattutto dopo una cena.

25 Settembre

La giornata lavorativa è finita e tu ti senti rilassato. La sigaretta sembrerà ancora migliore se starai festeggiando con gli amici al tuo ristorante preferito, soprattutto se sono loro a pagare. In un'occasione del genere il non-fumatore è in uno stato di felicità mentre un fumatore che non possa fumare dopo il pasto è nella condizione diametralmente opposta. Quindi, la differenza tra il fumare o non fumare quella sigaretta, non è solo grattarsi un prurito ma la differenza che c'è tra l'essere in uno stato di gioia o di prostrazione.

26 Settembre

Scoprirai che tutte le cosiddette sigarette speciali vengono dopo un periodo di astinenza: dopo un esercizio fisico, in un momento di pausa, la prima della giornata, dopo l'amore, etc. Questo conferma che l'unico piacere che il fumatore ottiene dall'accendersi una sigaretta deriva dal porre fine all'irritazione generata dal desiderio. Questo perché ogni sigaretta crea il desiderio e quel che farà in modo che tu lo protragga per tutta la vita sarà il continuare ad assumere nicotina. Il piacere è pura illusione.

27 Settembre

Molti sono gli aspetti tristi della dipendenza da nicotina. Dopo aver fallito infinite volte cercando di smettere con i metodi della "forza di volontà", non posso che provare ammirazione per chi c'è riuscito.
Ma mi rattrista quando sento uno di loro dire: "Non ho toccato una sigaretta da x anni ma mi manca ancora dopo cena!"

28 Settembre

Mettitelo bene in testa: a nessuno è mai piaciuto fumare. L'unica ragione che ci porta a pensare che ci piaccia è perché, quando sei nella trappola, ti senti depresso senza sigarette. Noi pensiamo sia la stessa cosa ma non è vero.

29 Settembre

Ci sono milioni di ex- fumatori lamentoni che non solo perpetuano a se stessi la credenza che una volta ottenevano un gran piacere dal fumare ma la perpetuano anche a chi sta ancora fumando. Ma guardati indietro. Hai fumato letteralmente migliaia di sigarette speciali dopo i pasti. Te ne ricordi qualcuna?

30 Settembre

Apri la mente e guarda la tua vita. Vedrai che l'unica cosa che ricordi del fumo è quanto schifose fossero le tue prime sigarette sperimentali, o di come ti sentissi triste perché non potevi fumare, o la tosse tremenda causata dal fumo. Quegli ex-fumatori lamentoni anelano e si rattristano per qualcosa che non è mai esistito.

1 Ottobre

Uno dei meccanismi di sopravvivenza del nostro corpo è un sistema connaturato che gli impedisce di richiamare alla memoria e rivivere i dolori. Sappiamo di averli vissuti, potremmo addirittura avere delle cicatrici, ma siamo programmati per dimenticare. Se così non fosse la razza umana morirebbe. La stessa cosa vale per i dolori dell'anima, la tristezza, la disperazione. Sappiamo che abbiamo vissuto un brutto periodo ma dimentichiamo l'intensità dei sentimenti provati. Tutti i fumatori vivono in vari stadi di disperazione e tristezza, e solo perché non si riesce a ricordarli bene una volta smesso di fumare, non significa che non ci siano stati. È garantito, però, che ritorneranno se riprenderai a fumare.

2 Ottobre

Scrivere quel che provi ti aiuterà a tenere gli occhi aperti sulla realtà dell'essere un fumatore e sul perché desideri così ardentemente uscire dalla trappola. In altre parole, cattura su un foglio i tuoi pensieri e i tuoi sentimenti e fallo ora: quanto la situazione ti deprime, quanto il fumo ti preoccupa. Metti poi il foglietto nel tuo portafoglio dove potrai ritrovarlo, ricordando a te stesso, con le tue stesse parole, la natura della trappola dalla quale sei fuggito.

3 Ottobre

Potresti chiederti come farai a smettere subito di bramare una sigaretta quando milioni di fumatori, pur non fumando da anni, la desiderano ancora. Quel che sto per dirti è il messaggio più importante che ho da darti. Ti ho parlato dei due mostri. Il "piccolo mostro" non desidera mai le sigarette; tutto quel che fa è creare una sensazione di vuoto e di insicurezza dentro di te e tu la identifichi con: "Ho bisogno/voglio una sigaretta".

4 Ottobre

Ma se non capisci a fondo la trappola della nicotina, inizierai a desiderare una sigaretta; questo desiderio è il "grande mostro" o lavaggio del cervello. Saresti, allora, in una posizione non invidiabile. Parte della tua mente non vorrà arrendersi mentre l'altra parte vorrà soddisfare il desiderio. Con Easyway, poiché ti porta a capire le caratteristiche della trappola, il "grande mostro" non esisterà più e quindi verrà meno anche il desiderio della sigaretta.

5 Ottobre

Ricordi la fiaba dei fratelli Grimm "Tremolino" (Rumpelstilzchen)? Quando la ragazza non ne conosceva il nome era terrorizzata. Una volta saputolo la situazione si capovolse: non era più lui a controllare lei ma lei a controllare lui. Dopo aver spento l'ultima sigaretta, per qualche giorno, potresti sentire ancora la sensazione di volerne una ma, invece di demoralizzarti iniziando a desiderarla, pensa: "Non è una sensazione piacevole ma è ciò che il fumatore prova durante tutto il tempo in cui fuma. Non è meraviglioso? Non ho più bisogno di sfamare il "piccolo mostro"".

6 Ottobre

Magari ora ti stai chiedendo quanto duri l'agonia del "piccolo mostro". Non posso rispondere a questa domanda, ma è irrilevante poiché il "piccolo mostro" è così impercettibile che ne soffriamo durante tutta la nostra vita da fumatori senza neppure accorgerci che esista, e non peggiora quando smettiamo. Quindi, qual è il problema?

7 Ottobre

Naturalmente questo crea un problema per i fumatori che usano i metodi della "forza di volontà". Visto che il "piccolo mostro" è simile al languore per fame o al normale senso di stress, ogni volta che sono stressati o affamati, il loro cervello continua ad identificare la sensazione come il desiderio di una sigaretta.

8 Ottobre

Quando si usa il metodo della "forza di volontà" il cervello del fumatore è ossessionato dall'argomento fumo. Visto che parte del suo cervello vuole fumare, cerca di pensare ad altro ma, se ti è mai capitato di avere difficoltà ad addormentarti, sai bene che più te ne preoccupi e più troverai difficile dormire.

9 Ottobre

I cosiddetti esperti affermano che è la marijuana che porta i giovani a consumare droghe più pesanti. Assurdo! Siamo stati condizionati sin dalla nascita perché si pensi di essere deboli e di avere bisogno di una qualche sorta di sostegno sia per goderci la vita sia per affrontarla. Siamo anche stati indotti a pensare che la nicotina e l'alcool riempiano il vuoto.

10 Ottobre

Mettitelo bene in mente che né alcool né nicotina riempiono alcun vuoto anzi, ne creano uno. Prima di finire in una di queste trappole siamo in grado di goderci la vita e affrontare lo stress senza sigarette, bevande alcooliche o droghe di alcun genere. Non solo è fondamentale che tu comprenda che il fumo non offre alcun piacere o sostegno ma anche che non hai bisogno di trovare un sostitutivo.

11 Ottobre

Quando "rinunciamo" al fumo tendiamo a cercare un qualcosa che prenda il suo posto, quindi, quel che in realtà cerchiamo è una pillola magica che allevi la noia e lo stress, aiuti la concentrazione e il rilassamento, non danneggi la salute e non ci costi una fortuna. Se riuscirai mai a trovare una pillola simile, per favore fammelo sapere! Ma non perder tempo a cercarla. Se esistesse la staremmo usando tutti.

12 Ottobre

Di solito, il massimo che riusciamo a fare per avvicinarci a questo ideale è masticare chewing-gum o caramelle. Se hai mai masticato le gomme sai bene che, dopo poche ore, la mascella inizia a dolere e il cervello dice: "Vorrei una sigaretta." Se hai sperimentato con le caramelle, sai altrettanto bene che, dopo un po', iniziano ad essere nauseanti, ricoprono i denti e la lingua di zucchero, rovinano l'appetito e ti fanno ingrassare.

13 Ottobre

Quando ti passa il raffreddore, vai cercando un altro disturbo che lo sostituisca? Ovviamente no. Sei solo grato che ti sia passato. Il semplice cercare un sostitutivo dimostra che pensi di aver fatto un sacrificio. Occorre forse qualcosa che sostituisca la principale causa di decessi nel mondo occidentale?

14 Ottobre

Riesci a credere che i cosiddetti "esperti" in campo medico non solo raccomandino sostitutivi ma li raccomandino contenenti proprio la droga dalla quale sei dipendente? Si chiama Terapia Sostitutiva alla Nicotina (TSN). Se la trappola della nicotina è la più grande truffa nella storia del pianeta, la cura degli "esperti"- TSN - credo proprio si piazzi al secondo posto.

15 Ottobre

TSN si presenta in varie forme: gomma, cerotto, spray nasale, inalatore, sigaretta elettronica, etc. Se un medico dovesse dire: "Non fumi l'eroina: fumare è pericoloso. Invece di fumarla se la inietti in vena" la riterresti un'affermazione scientifica?

16 Ottobre

Alla base della TSN c'è il fatto che, poiché fumare è pericoloso, è meglio assorbire la nicotina attraverso la bocca, il naso o la pelle. Anche la denominazione è inappropriata. Infatti, non è un sostitutivo della nicotina ma la continuazione di quest'ultima; in aggiunta, non offre alcun genere di terapia.

17 Ottobre

Come molte delle cose che vengono raccomandate dai cosiddetti "esperti", la TSN sembra logica. La teoria è che quando cerchi di smettere di fumare devi sconfiggere due potenti nemici: spezzare l'abitudine e i terribili sintomi d'astinenza. Se tu fossi un contendente nel campionato mondiale dei pesi massimi, le tue probabilità di vincere contro Mike Tyson o Lennox Lewis all'apice delle loro carriere, sarebbero piuttosto scarse. Le tue possibilità di affrontarli entrambi allo stesso tempo e vincere sarebbero uguali a zero.

18 Ottobre

Quindi, sembra non solo logico ma puro buon senso spegnere prima quella che speri sia la tua ultima sigaretta e, mentre spezzi l'abitudine, continuare ad assumere nicotina. Una volta persa l'abitudine, puoi gradualmente diminuire la nicotina.

19 Ottobre

Ma tutto questo sembra logico solo se non capisci la trappola, e la teoria della TSN si basa su due assunti errati che abbiamo già indicato: non c'è alcun terribile sintomo fisico di astinenza da nicotina e fumare non è un'abitudine. La verità è che fumare non è altro che un metodo per far assumere nicotina a chi ne è dipendente.

20 Ottobre

In realtà ci sono due nemici da sconfiggere. Il primo è il "piccolo mostro". Ben lontano dall'essere potente, è così impercettibile che miliardi di persone sono vissute e sono morte senza accorgersi della sua presenza. Per fortuna non peggiora una volta spenta l'ultima sigaretta. Il secondo nemico è quello che io definisco il "grande mostro": il lavaggio del cervello – il credere di ottenere un qualche piacere o supporto dal fumo e che sia quindi difficile smettere.

21 Ottobre

È il "grande mostro" che rende difficile, se non impossibile, smettere. Cercando un sostitutivo mostri la tua convinzione di aver fatto una rinuncia e tieni in vita il "grande mostro". Se usi TSN tieni in vita entrambi i mostri.

22 Ottobre

La trappola della nicotina è molto ingegnosa. Fortunatamente lo è anche Easyway.
L'importante è eliminare il lavaggio del cervello e noi lo facciamo prima che tu spenga l'ultima sigaretta. Questo è il tema del diario che hai in mano e, se hai tenuto un atteggiamento mentale aperto ed hai seguito tutte le istruzioni, sarai presto un felice non-fumatore.

23 Ottobre

Se hai ancora la sensazione che sarà un po' come scalare l'Everest, in qualche modo hai assolutamente ragione. Il senso di conquista sarà molto simile ma la splendida novità è che potrai godere di quella sensazione subito, appena avrai smesso. Riesci ad immaginare come possa essersi sentito il Conte di Montecristo, convinto che non sarebbe mai fuggito dalla prigione, quando si trovò improvvisamente libero?

24 Ottobre

Così mi sono sentito io quando finalmente fuggii dalla trappola della nicotina e migliaia di altri ex-fumatori mi hanno scritto descrivendomi sensazioni simili. Fortunatamente è una situazione dove non si può perdere: hai l'euforia della conquista senza la difficoltà dell'ascesa all'Everest. Apri la tua mente e segui le istruzioni e sarà come una passeggiata nel parco in una piacevole serata d'estate.

25 Ottobre

Abbiamo raggiunto una fase critica. Forse non sono ancora riuscito a convincerti che qualunque fumatore può trovare facile smettere e che da non-fumatore riuscirai a goderti maggiormente le occasioni sociali e sarai più in grado di concentrarti o di affrontare lo stress. Se così fosse non preoccuparti. Alcune persone hanno difficoltà nel visualizzare queste cose e per loro la verifica della bontà della torta sta nel mangiarla!

26 Ottobre

Comunque, se hai tenuto la mente aperta ed hai seguito le istruzioni avrai capito che il fumatore non ottiene alcun vero piacere dal fumare né tantomeno un supporto e che, ben lontano dal rilassarti, alleviare la noia e lo stress o aiutare la concentrazione, il fumo fa l'esatto contrario. Se non hai ancora raggiunto questa comprensione, ti suggerisco di rileggere l'intero diario e chiederti come mai!

27 Ottobre

Se, una volta che l'avrai fatto, continui a non capire, cerca di convincere un amico o un familiare perché te lo spieghi. Se avrai ancora delle difficoltà, leggi il mio libro "È facile smettere di fumare se sai come farlo" oppure "Smetti di fumare adesso senza ingrassare" o partecipa ad uno dei nostri seminari. Troverai i dettagli alla fine di questo diario. Se invece hai capito, devi ora promettere a te stesso che, una volta terminato il libro, farai un serio tentativo di smettere.

28 Ottobre

Potresti giudicarlo un consiglio in qualche modo superfluo. Perché altrimenti staresti leggendo questo diario se non intendessi smettere? Ti ho detto che la trappola della nicotina è molto raffinata. Nessuno decide di diventare un fumatore, ma la trappola è fatta in modo da imprigionarti a vita. Per liberarti devi prendere con consapevolezza la decisione di fuggire. Non intendo in questo momento ma quando arriverai alla fine del diario.

29 Ottobre

Se non riesci a prendere questo impegno, quel che in realtà stai dicendo è: "Capisco perfettamente che soffro della malattia che causa il maggior numero di morti nel mondo occidentale e che fumare non mi offre alcun piacere o supporto, ma ho deciso di continuare a soffrire di questa malattia".

30 Ottobre

Se questa fosse la tua posizione, mi spiace ma non posso aiutarti. Ti consiglio di rivolgerti ad uno psichiatra o, meglio ancora, ad un esperto in eutanasia. Ma sono certo che la droga non ti ha ridotto al punto di prendere in considerazione di rinunciare al dono più prezioso che si possa ricevere.

31 Ottobre

Se la droga ti ha fatto precipitare a questo punto sei dove stavo io una volta. Che cosa hai da perdere?

1 Novembre

D'ora in avanti smetteremo di pensare a "rinunciare" al fumo e ai sacrifici, alle tragedie e alle tristezze che lo accompagnano. Toglieremo, invece, i paraocchi e vedremo la dipendenza da nicotina per quel che è.

2 Novembre

Ti prometto che non ci saranno tattiche terroristiche e del resto, come ti ho spiegato, chiudiamo la mente davanti ai danni che il fumo provoca alla salute e al portafoglio. Comunque, una volta che avrai preso l'impegno di smettere, questo patto con te stesso non sarà in alcun modo una tattica scioccante ma diventerà invece una spinta che aumenterà il piacere di essere un non-fumatore.

3 Novembre

Ero solito scartare il rischio di un carcinoma polmonare con uno dei soliti falsi ragionamenti che i fumatori usano: "Potrei finire sotto un autobus domani!" oppure "Credo che le esalazioni dei tubi di scappamento causino danni maggiori!". Ma tu, di proposito, ti butteresti sotto un bus o ti ficcheresti un tubo di scappamento in bocca per inalarne i fumi?

4 Novembre

Avevo la propensione ad interpretare le notizie riguardanti fumatori che avevano gli arti amputati a causa del fumo come patetici tentativi, da parte dei medici, di spaventarmi per farmi smettere. Dalle macchie nere sui miei denti potevo supporre che anche i miei polmoni fossero dello stesso colore ma cosa importava, né io né altri li potevano vedere.

5 Novembre

Se però mi fossi reso conto che l'effetto cumulativo del mio fumare era la lenta occlusione del mio sistema circolatorio e l'affamare ogni muscolo del mio corpo, sottraendogli ossigeno ed altri nutrimenti rimpiazzandoli con il monossido di carbonio e altri veleni, sono certo che avrei smesso prima. Se ti domandi come mai i fumatori abbiano un colorito grigiastro e la pelle secca, questo non è dovuto alla mancanza di sole ma ai capillari occlusi.

6 Novembre

Avevo grosse vene varicose e macchie di fegato sulla pelle; se, facendo il bagno, mi alzavo in fretta mi girava la testa e sentivo una strana sensazione alle gambe. Mia moglie me le massaggiava ogni sera. Non avevo mai collegato questi sintomi al mio fumare ma scomparvero tutti pochi mesi dopo aver smesso.

7 Novembre

Talvolta avevo delle fitte al torace che, questa volta, collegavo al fumo. Speravo fossero causate da un'indigestione ma temevo fossero invece indicativi di un cancro ai polmoni. Smisi e non ebbi più una fitta che, presumibilmente, era dovuta ad un'angina. Sorprendentemente, la mia tosse da fumatore scomparve dopo pochi giorni e non ho più avuto un attacco di asma o una bronchite.

8 Novembre

Un altro mito è che il fumo aiuti a ridurre il peso. Questa illusione è generata dal fatto che, quando si smette con la "forza di volontà", la maggior parte dei fumatori tende ad ingrassare. Ciò accade perché sostituiscono il cibo al fumo. Potresti controbattere che il fatto prova che non è un mito. Ma basterebbe che ti guardassi in giro per vedere che non mancano fumatori sovrappeso. Io ero uno di loro.

9 Novembre

Secondo questo mito, nella mia qualità di fumatore accanito per circa un terzo di secolo avrei dovuto essere magro come un chiodo. In realtà ero molto sovrappeso. Persi oltre dodici chili nei primi sei mesi dopo aver smesso e non ho dubbi che alcuni dei sintomi, descritti in precedenza fossero dovuti al mio peso ma, poiché questo era influenzato dal fumare, é giusto considerare quest'ultimo la causa di tutto.

10 Novembre

Come può il fumo contribuire all'obesità? Perché il "piccolo mostro" è indistinguibile dalla fame per il cibo. Man mano che il corpo si assuefa alla nicotina, la sensazione di vuoto causata dai sintomi d'astinenza viene solo parzialmente alleviata dalla sigaretta e, quindi, i fumatori sono portati a cercare di riempire il vuoto con il cibo, non solo quando cercano di smettere ma durante tutta la loro vita da fumatori.

11 Novembre

Un'altra ragione dell'aumento di peso del fumatore è che, generalmente, tende ad evitare attività che gli impediscano di fumare, soprattutto fare esercizio. Anche se non derivò da una scelta consapevole, non credo fosse pura coincidenza il fatto che, quando avevo circa 25 anni, il mio sport preferito fosse il golf. Potevo fumare una sigaretta dopo l'altra durante tutto il percorso senza impiegare troppa energia. I miei coetanei non-fumatori giocavano ancora a tennis, a squash o a rugby.

12 Novembre

Ignora le dicerie che riguardano il fatto che ogni sigaretta fumata ti ruba cinque minuti di vita o che sono necessari dieci anni perché il tuo corpo si ripulisca. Sono solo altri vani tentativi da parte della professione medica di spaventarti affinché tu smetta e sono chiacchiere totalmente irrilevanti per i giovani, convinti di non essere in trappola.

13 Novembre

Non solo non servono, ma sono controproducenti per fumatori più anziani e di "lungo corso" come me, visto che, fumandone 100 al giorno, avrebbe significato una perdita quotidiana di 8 ore. In teoria, non solo ero già morto ma, se avessi smesso allora, avrei dovuto aspettare 10 anni per liberarmi di tutte le porcherie. Non c'è quindi da stupirsi che rinunciai persino a "rinunciare" al tabacco!

14 Novembre

La regola dei 5 minuti è vera ma solo nel caso tu persista sino alla fine, diventando un numero nelle statistiche. Smetti ora e potrai recuperare il 99 per cento di quei 5 minuti. La porcheria non se ne va mai completamente dal tuo corpo; persino persone che non hanno mai fumato l'hanno nei loro polmoni a causa del fumo passivo.

15 Novembre

Non dimenticarti mai l'incredibile forza del corpo umano. Se avessi trattato la mia auto come ho trattato il mio corpo sarebbe stata da rottamare dopo sei mesi. Ha del miracoloso il fatto che io abbia potuto inalare quel terribile veleno nei miei polmoni senza pausa per circa 30 anni e sia ancora qui a parlarne. Quale altra testimonianza ti occorre della resistenza del corpo umano?

16 Novembre

Ma non devi star lì ad aspettare altri dieci anni. Avrai risolto il problema nel momento in cui avrai spento la tua ultima sigaretta. Io ti ho solo descritto la rapidità con cui mi sono ripreso dai danni che mi ero inflitto fumando. La splendida verità è che il malsano strascico del fumo abbandona il corpo duranti i primi giorni e le prime settimane.

17 Novembre

Se, quando avvelenavi regolarmente il tuo corpo, avevi l'atteggiamento mentale del tipo: "Potrei finire sotto ad un bus domani" non c'è motivo di mutarlo dopo aver smesso. Puoi rendere la tua vita più piacevole e velocizzare il processo di recupero mangiando sensatamente e facendo esercizio. Ma non renderlo una seccatura. Il fine di questo diario è quello di aiutarti a goderti di più la vita.

18 Novembre

Come riusciamo a bloccare la mente davanti agli effetti che il fumo ha sulla nostra salute, allo stesso modo usiamo la tecnica del rappresentante di aspirapolvere quando prendiamo in considerazione l'effetto che ha sulle nostre finanze. Fai una semplice domanda come: "Quanto ti costerà?" e ti verrà risposto qualcosa del tipo: "Solo 28 euro alla settimana". Ho calcolato che, al prezzo attuale, ho speso oltre 400.000 euro in nicotina.

19 Novembre

Ho una casa piacevole, ma ho speso più denaro per pagare il privilegio di respirare quello stomachevole fumo, per rischiare di contrarre malattie tremende e per avere la mia vita controllata da una pianta disgustosa che per la mia casa. Posso essere onesto e confessarlo a me stesso, ma riesco a farlo solo perché il mio cervello non è più controllato dalla paura di non essere in grado di godermi la vita, di concentrarmi o far fronte allo stress senza sigarette.

20 Novembre

Se, quando fumavo, tu mi avessi chiesto quanto mi costasse, ti avrei risposto in modo ancor più evasivo del rappresentante di aspirapolvere. Il costo sarebbe stato intorno ai 200 euro alla settimana o 25 euro al giorno ed entrambe le risposte avrebbero confermato quel che già sapevo, ovvero che ero un idiota e avrei dovuto smettere. No. La mia risposta sarebbe stata: "Solo 5 euro al pacchetto e ne vale assolutamente la pena". Quanto stupidi si può essere?

21 Novembre

Quanto ti è costata la tua prima sigaretta? Come per tutte le tossicodipendenze, la risposta abituale è: niente. Non è incredibile come gli amici, persino gli sconosciuti, ti offrano la droga gratis. Anche la mia prima sigaretta fu, in un certo senso, gratis. Ma quanto mi è costata?

22 Novembre

In realtà mi è costata 400.000 euro. Se non avessi fumato la prima sigaretta non avrei avuto bisogno di tutte le altre. Mi rammarico per il costo? Per niente. In realtà, i 400.000 euro sono stati il minore dei miei sacrifici. Se dovessi dispiacermi per qualcosa sarebbe per la vita di schiavitù, di disprezzo per me stesso perché spendevo una fortuna per un passatempo che detestavo e per non avere avuto la forza d'animo di smettere.

23 Novembre

Ora non ho rancori. Ho capito che, come te, ero un'altra delle vittime innocenti di questa diabolica trappola. Anzi, sono piuttosto orgoglioso perché sono stato il primo a capirne il funzionamento. Una volta che l'ebbi compreso, fuggire fu piacevole e sono certo che lo sarà anche per te.

24 Novembre

Hai calcolato quanto ti è costata la prima sigaretta? A che serve? È meglio che tu calcoli quanto ti costerà la prossima. È un calcolo facile. Dalle statistiche, in media, un fumatore ha un'aspettativi di vita di circa 60 anni. Se ora hai 40 anni e fumi un pacchetto al giorno quella sigaretta ti costerà circa 36.000 euro.

25 Novembre

È una bella sommetta! C'è una persona al mondo disposta a pagare 36.000 euro per una sigaretta? Magari sarai fortunato e vivrai solo fino a 50 anni, nel qual caso, la prossima sigaretta ti costerà solo 18.000 euro. Beh, se sei ricco come Bill Gates potrebbe non preoccuparti il dover sborsare 18.000 euro per una sigaretta!

26 Novembre

Ma immaginiamo che tu sia proprio sfortunato e che tu viva sino a 100 anni. In questo caso, la prossima sigaretta ti costerà 120.000 euro. Magari pensi che il mio calcolo sia impreciso. Sto forse prevedendo che, se fumi la prossima sigaretta, continuerai a fumare per il resto della tua vita?

27 Novembre

Svegliati! Non stiamo parlando di avere zucchero filato una volta alla anno. Stiamo parlando della droga N. 1 nella società occidentale. Da quanto tempo fumi? L'aspetto più ingegnoso della trappola è il fatto che è strutturata in modo da tenerti dentro sino a quando diventerai parte di una qualche statistica.

28 Novembre

Se non vuoi smettere oggi, cosa ti fa pensare che vorrai farlo domani? Magari pensi che non sia il momento giusto, magari stai attraversando un periodo stressante oppure sta per arrivare un'occasione piacevole come una festa, una vacanza, Natale o un matrimonio.

29 Novembre

Non è forse questo un esempio della genialità della trappola? Non c'è forse sempre un'occasione speciale o una situazione di stress che ti permette di continuare a procrastinare il "terribile" giorno?

Fatti questa domanda: se tuo figlio o una persona cara stesse soffrendo di una malattia che gradualmente va peggiorando e tu conoscessi una cura permanente, istantanea e non costosa, suggeriresti loro di posporre l'assunzione della medicina sino a dopo un evento, piacevole o stressante che sia?

30 Novembre

La risposta alla domanda precedente è ovvia e se sei ancora titubante è perché hai paura di stare senza sigarette. Ma hai avuto il coraggio di arrivare sino a questo punto e non c'è verso che tu ti perda proprio ora.

1 Dicembre

All'inizio ti ho dato solo **tre semplici istruzioni. La prima era di abbandonare ogni sensazione negativa o di imminente tragedia. La seconda di assumere un atteggiamento mentale aperto e la terza di continuare a fumare sino a quando sarebbe arrivato il rito dell'ultima sigaretta e di fumare ogni sigaretta consapevolmente.**

2 Dicembre

Se sei arrivato a Dicembre seguendo quelle istruzioni avrai già compreso che non fumi per scelta. Ti è chiaro, vero? Se ogni fumatore fumasse perché sceglie di farlo potrebbe, altrettanto facilmente, scegliere di non farlo.

3 Dicembre

Il primo gruppo di istruzioni era indirizzato alla lettura del diario. Avevano lo scopo di farti capire che smettendo di fumare non solo non si "rinuncia" ad alcunché ma che è persino facile diventare un non-fumatore immediatamente, facilmente e per sempre dopo aver spento non quella che speri sia la tua ultima sigaretta ma quella che sai sarà l'ultima.

4 Dicembre

Tra poco ti darò **un nuovo gruppo di istruzioni** che ti permetteranno , se le seguirai, di smettere facilmente e per sempre.

5 Dicembre

Ci stiamo avvicinando al rito dell'ultima sigaretta! Stai per ottenere qualcosa di meraviglioso. Immagina di essere a solo 100 mt. dalla cima dell'Everest. Il tempo è bello e l'adrenalina scorre a fiumi. Niente può impedirti di raggiungere la tua meta. Ho detto che il primo dell'anno è il momento peggiore per smettere ma sto per suggerirti di fare quel rito proprio appena l'orologio batterà la mezzanotte del 31 Dicembre.

6 Dicembre

Perché il Primo dell'anno è il momento peggiore? Perché con tutti i festeggiamenti relativi al Natale ed all'ultimo dell'anno persino i fumatori occasionali si sentono come delle ciminiere e meditano di smettere. Esattamente come a volte ci sentiamo giù dopo una bella vacanza, possiamo anche sentirci abbacchiati dopo dei festeggiamenti. Nel contempo il "piccolo mostro" reclama il suo pasto. Anche se tu avessi la determinazione di astenerti dal fumare per il resto della vacanza, la maggior parte dei fumatori - indipendentemente da quanto buone fossero le loro intenzioni - tornano a fumare durante il primo giorno di lavoro se non prima.

7 Dicembre

Con Easyway è irrilevante il giorno in cui smetti. Addirittura, io spesso suggerisco ai fumatori di farlo proprio nel giorno in cui credono sarà più difficile perché se non solo sopravvivrai alla giornata ma addirittura ti piacerà, beh tutto il resto andrà a gonfie vele. Lasciami sottolineare che è facile smettere di fumare e il compito di Easyway è rimuovere gli ostacoli che lo rendono difficile. Tutto quel che devi fare è seguire le istruzioni.

8 Dicembre

L'ostacolo maggiore è il dubbio: sperare di diventare un non-fumatore e poi aspettare per vedere se ci sei riuscito. Non avevi bisogno di me per sapere che i fumatori sono sciocchi. Questa è la ragione per cui hai letto il diario: avevi bisogno che io ti dicessi come renderlo facile dandoti le istruzioni da seguire.

9 Dicembre

Dopo aver preso quella che sai essere la giusta decisione, **alla mezzanotte del 31 Dicembre fumerai la tua ultima sigaretta e prometterai a te stesso che mai più ne desidererai un'altra né, tantomeno, la fumerai.** È fondamentale che questa promessa venga fatta non con un senso di sacrificio, di perdita o privazione - "Non devo più fumare!" – ma con un senso di giubilo all'idea di essere fuggito dalla trappola – "Non è meraviglioso! Non ho più bisogno di soffocarmi sino alla morte con questa droga velenosa!".

10 Dicembre

Accetta che nei primi giorni la tua mente possa essere dominata dal pensiero del fumo. Questo sarà negativo solo se vorrai rimanere un fumatore, ma non è quello che vuoi. Nessun fumatore lo vuole. Guarda la situazione in faccia; non sta succedendo alcunché di negativo, anzi, qualcosa di splendido si sta avverando: sei finalmente fuggito dalla trappola del fumo.

11 Dicembre

Non aspettare di diventare un non-fumatore. Lo diventi appena spenta la tua ultima sigaretta.

12 Dicembre

Una volta che avrai preso quella che sai essere la corretta decisione non rimetterla mai in discussione, non dubitarne mai.

13 Dicembre

Non dimenticare che, dal momento in cui spegni la tua ultima sigaretta, non solo la tua salute inizierà a migliorare rapidamente ma lo farà anche la tua concentrazione e il senso di sicurezza in te stesso.

14 Dicembre

Metti in preventivo che potresti sentirti un po' stranito nei giorni successivi. Dopotutto, qualsivoglia grande cambiamento nella nostra vita necessita di una fase di assestamento, anche cambiamenti come un'auto nuova, una casa più ampia o un lavoro meglio pagato. Anche se ti senti un po' strano ricorda che qualunque disturbo non sarà causato dall'aver smesso ma dall'aver iniziato!

15 Dicembre

Non dimenticare mai che il fumo non offre alcun vantaggio né a te né ad altri fumatori.

16 Dicembre

Non invidiare mai i fumatori; saranno loro ad invidiare te. La loro erba non è verde ma un campo bruciato e marrone.

17 Dicembre

Divertiti a spezzare le associazioni mentali: facendolo consapevolmente le allontanerai più velocemente. Il cervello necessita di qualche settimana per perdere vecchie modalità di comportamento o per acquisirne di nuove. Per qualche tempo dopo aver smesso, sarà perfettamente normale che il tuo cervello ricordi e associ certe attività con le sigarette. Non c'è nulla di cui preoccuparsi; è una programmazione subconscia che svanirà.

18 Dicembre

Accetta che ci saranno giornate belle e giornate brutte. Le giornate belle lo saranno ancor di più e quelle brutte lo saranno meno. Ricorda a te stesso, nei momenti difficili, che per lo meno non sei più un fumatore. Esattamente come i fumatori hanno giornate buone e giornate cattive, così accadrà anche a te. Ma i tuoi giorni buoni saranno migliori di quanto fossero quando eri un fumatore e le tue giornate cattive non lo saranno altrettanto.

19 Dicembre

Rileggi il foglio su cui hai scritto perché volevi così disperatamente fuggire dalla trappola del fumo oppure prendine delle parti ed usale come salvaschermo.

20 Dicembre

Non cercare di raggiungere "un felice compromesso" tentando di diminuire o controllare quante sigarette fumi.

21 Dicembre

Indipendentemente da quanto rimarchevoli possano sembrare, ignora i consigli o i suggerimenti di amici o esperti se contraddicono queste istruzioni.

22 Dicembre

Non tentare di evitare di pensare al fumo. Se ti dovessi dire: "Non pensare a Topolino per cinque secondi e ti darò euro 1.000.000", non saresti in grado di pensare ad altro. Quando ti capiterà di pensare al fumo semplicemente pensa: "Fantastico! Sono libero."

23 Dicembre

Non usare sostitutivi di sorta – non ti servono, e cambia la tua vita solo se vuoi e non perché hai smesso di fumare.

24 Dicembre

Non preoccuparti se a volte dimentichi di aver smesso e ti ritrovi a cercare un pacchetto che non c'è più.
Questo potrebbe provocare una piccola fitta ma è un buon segno: significa che, per un momento, hai dimenticato di aver smesso, cosa che, a sua volta, indica che la vita continua anche senza la dipendenza dalla terribile pianta!

25 Dicembre

Qualche anno fa, dovendomi sporgere dal finestrino dell'auto, mi sono ritrovato a "togliere" la sigaretta che, 15 anni prima, avrebbe ciondolato dalle mie labbra. Potresti pensare che questo conferma l'adagio: "Una volta fumatore, per sempre fumatore". Al contrario, non fu un'esperienza sgradevole. Mi fece pensare: "Quindici anni fa non solo avrei avuto quella sigaretta in bocca ma il posacenere sarebbe stato stracolmo e la macchina avrebbe puzzato di fumo stantio!".

26 Dicembre

Se segui le istruzioni, dopo qualche giorno ti troverai in una situazione – potrebbe essere un'occasione sociale o un momento di stress – che non avresti mai immaginato di poter vivere senza fumare e ti accorgerai, improvvisamente, non solo di averlo vissuto senza farlo, ma di non aver neppure pensato ad accenderti una sigaretta.

27 Dicembre

Questo è quel che io definisco il Momento della Rivelazione cioè il momento in cui comprendi che tutto ciò che ho detto è vero: non solo che è facile smettere ma che la vita è molto più piacevole se si è liberi dalla schiavitù. Ma, proprio come non devi aspettare di diventare un non-fumatore, **così non devi aspettare il Momento della Rivelazione. Sei già un non-fumatore; vivi la tua vita.**

28 Dicembre

Non cercare di evitare le situazioni in cui si fuma o le occasioni sociali. Hai smesso di fumare non di vivere. Ricorda che non hai "rinunciato" al fumo. Non hai di sicuro rinunciato a vivere e non importa se tra due giorni sarai seduto a casa tua da solo oppure se starai celebrando la festa di Capodanno più importante della tua vita.

29 Dicembre

Potresti ritrovarti in mezzo a fumatori che hanno promesso di smettere. Potrebbero esserci fumatori cinici che sono convinti, come lo ero io una volta, che sia impossibile smettere. Cercheranno di soffiarti il fumo in faccia o di coglierti di sorpresa quando sei disattento. Quando, però, vedranno che, non solo il fatto di non dover fumare non ti turba ma che stai godendo dell'intero processo, penseranno che tu sia Superman o Superwoman.

30 Dicembre

Se seguirai tutte le istruzioni, ti sentirai come Superman o Superwoman.

31 Dicembre

Goditi la tua fuga! Se berrai troppo e ti ritroverai un po' confuso, tutto ciò che devi ricordare è che nessuno vuole che i propri figli o i propri genitori finiscano nella trappola della nicotina. Quindi, se ti sentirai mai tentato, questa notte o in qualunque altro momento in futuro, ricorda a te stesso quello che già istintivamente sai:

“SPLENDIDO!
SONO UN NON-FUMATORE!”

Ora finalmente puoi dire:
FANTASTICO! SONO UN NON FUMATORE!

Hai ottenuto qualcosa di realmente stupendo. Ogni volta che sentiamo che un fumatore è riuscito a fuggire dalla nave che affonda ci dà un'enorme soddisfazione. Saremmo molto felici di sapere che anche tu sei ora a libero da questa schiavitù. Quindi, per cortesia, se vuoi firma e facci avere la tua testimonianza nello spazio qui di seguito. Così facendo ci autorizzerai anche a far conoscere ad altri il tuo parere, aiutandoli a fare il grande passo. Oppure, se preferisci, aggiungi la tua alle testimonianze presenti sui nostri siti *www.easywayitalia.com* oppure *www.ewieditrice.com*
Grazie.

ALLEN CARR'S EASYWAY ITALIA
Via Renato Fucini 3
20133 Milano

Caro Allen,
FANTASTICO! SONO UN NON FUMATORE!

Firmato...
Data..
Nome...
Città..
Mail...
Tel...
Commenti..
....
....
....

Stimiamo che dal dicembre 2003,
data della pubblicazione del best seller di Allen Carr
"È facile smettere di fumare se sai come farlo",
circa 500.000 persone in Italia abbiano
smesso di fumare semplicemente leggendolo
e che questo abbia fatto sì che circa
€ 1.000.000.000
non uscissero dalle tasche degli italiani

Terminata la lettura e spenta l'ultima sigaretta
suggerisci ad altri questo titolo
(non dare la tua copia, come consiglia Allen Carr)
e manda una mail al
Ministero della Salute: urpminsalute@sanita.it
informandoli della validità del metodo Easyway
e ricorda che ora sei **un felice non fumatore**,
e i non fumatori non fumano
...nè oggi nè mai!

Prof. Manfred Neuberger, M.D.
Capo Dipartimento Medicina Preventiva
Istituto di Medicina Ambientale
Università di Medicina di Vienna

"Mi incuriosirono sia alcuni dei miei pazienti, che avevano smesso di fumare con successo dopo aver letto il libro di Allen Carr, sia i commenti fatti dai medici del lavoro riguardo ai Seminari e ai Centri Allen Carr.

Inizialmente, decisi di fare, su un periodo di 4 mesi, una valutazione dei seminari tenuti ai dipendenti sul luogo del lavoro. Le persone che avevano smesso di fumare con successo mostrarono, in aggiunta ad un aumento dell'energia, un miglioramento globale della qualità di vita sotto il profilo sia della salute fisica e mentale sia di quello sociale.

Rimasi sorpreso e colpito dall'eccellente risultato ottenuto dopo un solo intervento: a distanza di un anno, la fascia di successo era compresa tra il 40% (ipotesi peggiore) e il 55% (stima migliore).

Per controllare i risultati in una diversa situazione e per un periodo di tempo più lungo, decisi di fare uno studio di gruppo in una grande acciaieria, dove i medici del lavoro avevano dato la loro disponibilità ad eseguire dei controlli telefonici per un periodo medio di 3 anni dopo il seminario: su 510 persone il 51,4% dichiarò di continuare ad essere non fumatori. Prendendo un gruppo a caso tra i partecipanti e tenendo presente la loro storia di fumatori, venne misurata la concentrazione di cotinina nelle urine. Di tutte le persone esaminate il 50,9% mostrò un'astensione prolungata dal fumo.

La percentuale di successo dei Seminari Allen Carr's Easyway in ambito aziendale ha superato complessivamente e di gran lunga quella raggiunta da altri metodi.

Senza supporti farmacologici di alcun genere, un fumatore su due, motivato a partecipare, sembra il grado di smettere di fumare e di rimanere un non fumatore."

ALLEN CARR'S
EASYWAY ITALIA

Via Renato Fucini, 3
20133 Milano

Tel 02 70602438
Fax 02 70638221
Cell 393 9417855

www.easywayitalia.com

E.mail info@easywayitalia.com
prenotazioni@easywayitalia.com

ALLEN CARR'S EASYWAY INTERNATIONAL

Park House, 14 Pepys Road:
Raynes Park
London SW20 8NH, Regno Unito

Tel: +44(0)2089447761
Fax: +44(0)2089448619
e-mail: mail@allencarr.com
www.allencarr.com

ALLEN CARR'S EASYWAY NEL MONDO

ARGENTINA
AUSTRALIA
AUSTRIA
BELGIO
BRASILE
BULGARIA
CANADA
CILE
CIPRO
COLOMBIA
DANIMARCA
ECUADOR
ESTONIA
FINLANDIA
FRANCIA
GERMANIA
GIAPPONE
GRECIA
GUERNSEY
HONG KONG
INDIA
IRLANDA
ISLANDA
ISOLA DI MAN
ISRAELE
ITALIA
JERSEY
LETTONIA
LITUANIA
MAURITIUS
MESSICO
NUOVA ZELANDA
NORVEGIA
OLANDA
PERÙ
POLONIA
PORTOGALLO
ROMANIA
RUSSIA
SERBIA
SINGAPORE
SLOVENIA
SPAGNA
SUD AFRICA
SVEZIA
SVIZZERA
TURCHIA
UCRAINA
UNGHERIA
USA

I LIBRI DI EWI EDITRICE

Ogni individuo può liberarsi dei condizionamenti mentali e diventare medico e maestro di se stesso, trasformandosi in una forza positiva e propulsiva in ambito sociale. Questa è la finalità alla base delle nostre pubblicazioni.

€ 10

€ 10

€ 24

€ 24

La doppia copertina per lo stesso testo è dovuta ad una diversa distribuzione

€ 12

€ 12

€ 12

€ 12

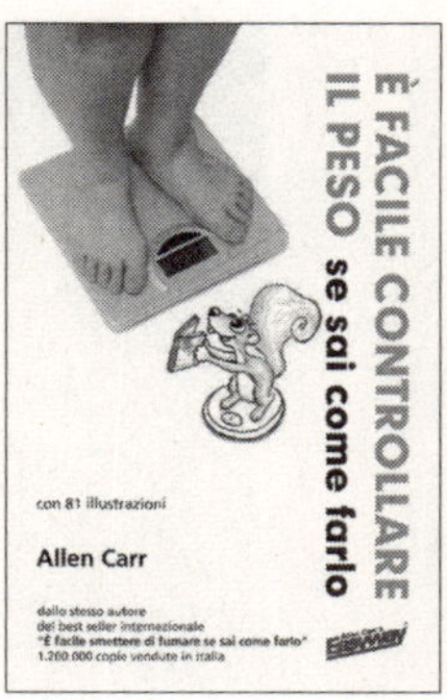

€ 14,90

€ 12

€ 9

€ 12

€ 3,5

€ 7,5

€ 7,5

€ 7,5

€ 9

Il miglior Buono Sconto che potrete
mai dare o ricevere!

BUONO SCONTO

per i CENTRI ALLEN CARR'S EASYWAY

RECUPERERETE IL COSTO DI QUESTO LIBRO QUANDO PARTECIPERETE AD UN SEMINARIO EASYWAY IN QUALUNQUE PARTE DEL MONDO

Vi sono oltre 150 Centri Allen Carr's Easyway in tutto il mondo che garantiscono che troverete facile smettere di fumare o il rimborso totale di quanto pagato. Sulla base di questa Garanzia il successo è superiore al 90%. Il giorno del seminario presentate questo Buono e riceverete uno sconto pari al prezzo del libro. Contattare il Centro più vicino per ottenere ulteriori informazioni sui Seminari e per prenotare il vostro appuntamento.

Tel. (+39) 02 7060 2438
www.allencarr.com
www.easywayitalia.com